Anja Förster
7 Superkräfte

AF634899

ANJA FÖRSTER

7 SUPER KRÄFTE

Gestalten, Leben und Sein
in einer chaotischen Welt

Econ

Wir verpflichten uns zu Nachhaltigkeit
- Papiere aus nachhaltiger Waldwirtschaft und anderen kontrollierten Quellen
- Druckfarben auf pflanzlicher Basis
- ullstein.de/nachhaltigkeit

Das Zitat von David Foster Wallace auf der Seite 168,
aus dem Buch *Das hier ist Wasser | Anstiftung zum Denken*,
verwenden wir mit freundlicher Erlaubnis
des Kiepenheuer & Witsch Verlags.

MIX
Papier
FSC FSC® C083411

Econ ist ein Verlag
der Ullstein Buchverlage GmbH.

ISBN 978-3-430-21113-0

© Ullstein Buchverlage GmbH, Berlin 2023
Alle Rechte vorbehalten, insbesondere und ausdrücklich
die Nutzung unserer Inhalte für Text und Data Mining im Sinne
von § 44b UrhG.
Gesetzt aus der Quadraat Pro
Satz: LVD GmbH, Berlin
Druck und Bindearbeiten: CPI books GmbH, Leck

Inhalt

»Die schwierigste Zeit in unserem Leben ist die beste Gelegenheit, innere Stärke zu entwickeln.«

Dalai Lama

I.

Veränderung ist ein wundersames Ding

Wer ist gegen Veränderung?
Niemand.
Wer will Veränderung bei sich selbst?
Auch niemand.

Veränderung ist ein wundersames Ding.

Eigentlich wissen wir alle, dass nichts bleibt, wie es ist. Nirgends. Und dennoch tun wir uns nicht leicht damit. Veränderung ist den meisten Menschen dann sympathisch, wenn sie die anderen betrifft. Wir selbst wollen ihr möglichst aus dem Weg gehen oder sie aus dem Weg schaffen, denn sie kann anstrengend sein und macht nur Ärger. In der Gesellschaft, in der Politik, in der Firma und im Privatleben.

Veränderung bedroht das Sicherheitsbedürfnis – auch wenn ihre Notwendigkeit klar zu erkennen ist. Ist die Rede von Umbruch, springt gleich die Alarmanlage im Kopf an: *Veränderung? Sorry, ist bei mir gerade total ungünstig!*

Diese Haltung ist mir nicht fremd. Wie anspruchsvoll und herausfordernd Veränderung ist, musste ich selbst auf schmerzhafte Art und Weise lernen. Eigentlich hatte ich nicht vor, darüber zu schreiben – aber das Buch hatte andere Pläne mit mir.

Meine persönliche Geschichte hat meine Erkenntnisse über Veränderung sehr stark beeinflusst – und um das anschaulich zu machen, schreibe ich von einer der schwierigsten Erfahrungen in meinem Leben: der Trennung von meinem Ehemann Peter Kreuz. Da wir auch beruflich auf das Engste verbandelt waren, hatte das Auswirkungen auf alle Lebensbereiche. Je mehr ich mich, bedingt durch diesen tiefen Einschnitt, mit dem Thema Veränderung befasste, desto klarer wurde mir: Nicht die Umstände oder Bedingungen müssen sich ändern, damit ich in Zeiten des krisenhaften Umbruchs wieder Sicherheit gewinne, sondern ich selbst muss es. Diese Haltung anzunehmen, verändert alles.

Der Managementphilosoph Charles Handy hat die Sache mal so beschrieben: »Veränderung ist nur ein anderes Wort für Wachstum, ein Synonym für Lernen.« Dies ist nicht nur auf privater Ebene ein immens wichtiges Thema, sondern auch auf wirtschaftlicher und gesellschaftlicher Ebene.

Die eigene Biografie gesamtheitlich zu betrachten, also nicht nur die guten Teile, die von Aufbruch und Wachstum handeln, sondern insbesondere auch die Niederlagen – erst das bewirkt inneres Wachstum und Reifen. Das war die wichtigste Lektion meiner persönlichen Krise.

Meine Geschichte, die in dieses Buch eingewoben ist, beginnt mit der »vollen Katastrophe des Lebens« im Sinne von Alexis Sorbas. In der Verfilmung des gleichnamigen Romans von Nikos Kazantzakis wird Sorbas von einem Freund gefragt: »Sorbas, hast du eigentlich je geheiratet?«, worauf dieser sinngemäß antwortet: »Natürlich habe ich geheiratet! Frau, Haus, Kinder ... die volle Katastrophe!«

Sorbas meint nicht, dass es eine Katastrophe sei, Frau und Kinder zu haben. Er deutet vielmehr die Wertschätzung für die Fülle des Lebens in all seiner Widersprüchlichkeit an – Leiden, zerbrochene Träume und Tragödien. Sorbas' Antwort auf die »Zumutungen« des Lebens ist es, zu tanzen und das Leben zu feiern, so wie es ist. Und über sich selbst zu lachen, auch im Angesicht von schmerzhaften Niederlagen.

Keine schlechte Strategie – aber dazu kommen wir noch.

Veränderungen kommen in drei Abstufungen: die guten, die weniger guten und die hässlichen.

Zurück zum Thema Veränderungen – und unserem abwehrenden Umgang damit. Die Abwehr ist zwar eine normale psychologische Reaktion, gleichzeitig aber auch das, was so viel Energie kostet. Die Kraft, die eigentlich für die Veränderungsarbeit benötigt wird, geht für den Widerstand drauf. Ein vernünftiger Umgang mit Veränderung würde anders aussehen!

»Moment mal, so einfach ist das aber nicht mit der Veränderung!«, magst du an dieser Stelle einwenden.

Einverstanden!

Es gibt verschiedene Arten von Veränderung – und nicht alle sind schlecht. Analog zum Film *The Good, the Bad and the Ugly*, der als Klassiker des Italowesterns gilt, gibt es drei Abstufungen: die *guten*, die *weniger guten* und die *hässlichen*.

Die »guten« Veränderungen sind die, die wir mögen. Beispielsweise der Neubeginn in einem spannenden Job, der Umzug in eine schönere Wohnung oder das wunderbare Gefühl, als Eltern ein Baby auf die Welt zu bringen. Diese Veränderungen sind substanziell und durchaus anstrengend – aber sie sind selbst gewählt und deshalb willkommen.

Was aber ist mit den weniger guten Veränderungen? Wir alle kennen das: Wir haben zwar schöne Pläne, aber das Leben weigert sich hartnäckig, damit zu kooperieren: Ein neuer Chef kommt, mit dem die Chemie nicht stimmt. Ein vielversprechendes neues Projekt scheitert. Ein Unternehmen muss restrukturieren, womit der Verlust von Arbeitsplätzen verbunden ist. Oder im Familiengefüge knirscht es heftig, weil der neue Job, den die Partnerin angenommen hat, nicht nur einen deutlichen Gehaltssprung mit sich gebracht hat, sondern auch jede Menge mehr Arbeitsstunden und Druck. Und dann gibt es noch eine dritte Sorte Veränderungen: *the Ugly*. Das sind die, die dir den Boden unter den Füßen wegziehen.

Wenn der Unternehmenserfolg sich trotz aller Anstrengung nicht wieder einstellen will und nur noch der Weg in die Insolvenz bleibt. Wenn du vollkommen unerwartet deinen Job verlierst, der dir sehr viel bedeutet hat. Wenn von einem Tag auf den anderen eine Liebesbeziehung endet, eine schlimme Krankheit dein Leben komplett aus der Bahn wirft oder ein geliebter Mensch stirbt. Das alles sind Veränderungen, die einen krisenhaften Charakter haben. Was sie so schmerzhaft macht, ist: Du hast sie in dieser Heftigkeit nicht kommen sehen. Es sind Erdbeben von enormer Magnitude, die das, was zuvor intakt war, mit einem Handstreich zerstören.

Wie ich selbst feststellen musste, ist die Versuchung groß, vor diesen »hässlichen Veränderungen« wegzulaufen. Aber, so meine Erkenntnis: Egal, wohin du läufst, du kannst dich nirgendwo verstecken.

Meine eigene Geschichte hat mir das sehr klar vor Augen geführt. Es begann mit der Pandemie. Diese Zeit war extrem herausfordernd, da ich nicht mehr länger als Impulsgeberin und Speakerin vor Publikum auf Wirtschaftskongressen oder Führungskräftekonferenzen auftreten konnte. Und das von jetzt auf gleich, ohne Vorwarnung.

Das war die erste, die tief greifende berufliche Veränderung.

Mit zeitlichem Abstand folgte eine zweite, persönliche Veränderung. Und die war noch unerwarteter, einschneidender, brutaler. Was ich sicher und stabil glaubte – meine langjährige –, fand ein jähes Ende.

Das war für mich ein großer Schock. Etwas, das ich so nicht hatte kommen sehen. Der Lockdown, der unsere übliche Geschäftigkeit, die vielen Reisen und Ablenkungen des alltäglichen Lebens abrupt zum Stillstand brachte, war gleichzeitig eine Aufforderung, genauer hinzusehen und Inventur zu machen. Die pandemiebedingte Isolation war ein Brennglas für die Erkenntnis, dass es zwischen uns nicht mehr passte.

Natürlich wünschen wir uns alle, dass die Liebe dauert, wenn wir sie einmal gefunden haben. So lange wie möglich soll sie uns begleiten, am liebsten ein Leben lang. Doch das Versprechen »Für immer« wurde in unserem Fall von der Realität überholt.

Damit war auch das vorbei, was viele Jahre ein sich gegenseitig befruchtendes und beflügelndes Konstrukt war: die Zusammenarbeit als Autoren-Duo und als Impulsgeber für die

Führungsetagen der Wirtschaft. Bis auf zwei gemeinsame Projekte, die wir weiterhin zusammen umsetzen wollten, war dieses Kapitel geschlossen.

Die Tür zurück war fest verschlossen. Wie es weitergehen sollte, wusste ich nicht.

Als wäre der Boden unter meinen Füßen weggebrochen – so fühlte sich die Trennung für mich an. Zwar gelang es mir, irgendwie durch den Alltag zu kommen. Einkaufen, Wäsche waschen, Mails beantworten, zu Vortragsveranstaltungen reisen und das Geschäftliche am Laufen halten. Irgendwie funktionierte ich, mehr Roboter als Mensch.

Hinter der funktionierenden Fassade fühlte sich mein Inneres an wie schockgefroren. Unsere Beziehung war für mich ein Ort der Sicherheit und Stabilität gewesen. Ich hatte unser gemeinsames Leben als Hafen angesehen. Jetzt stand ich vor einer Situation, die ich nicht wollte. Die Tür zurück war fest verschlossen. Wie es weitergehen sollte, wusste ich nicht.

Als meine Ehe abrupt endete, kämpfte ich zunächst darum, nicht aus meinem alten Leben hinausgehen zu müssen. Ich sehnte mich nach der alten Beständigkeit zurück. Ich wollte, dass alles wieder so wäre wie früher. Zum Glück ist mir das nicht gelungen.

Mein Leben hatte sich von jetzt auf gleich fundamental verändert. Erst später würde ich erkennen, dass sich in dem Moment, in dem die Dinge zusammenbrechen, die Tür für den inneren Wandlungs- und Wachstumsprozess öffnet. Aber zunächst gab es nur einen Gedanken: »Was mache ich jetzt?« Ich glaubte – oder mein Verstand flüsterte es mir ein –, es ginge darum, eine schwere Prüfung zu bestehen, die mir das Leben aufgegeben hatte. Und dann die nächsten Schritte zu planen, um das Problem in den Griff zu bekommen – und damit auch mein Leben.

Panta rhei ... Alles fließt. Schon klar.

Ich hatte diese Formel gefühlt schon tausend Mal gehört und

gelesen. Nichts hält ewig. Aber was es wirklich bedeutet, wurde mir erst in dieser Situation klar. Das war eine wichtige Lektion für mein Leben: Heilung und innere Reifung stellt sich erst dann ein, wenn du das, was geschehen ist, akzeptierst und ihm einen festen Platz zugestehst. Einen Platz für die Trauer und einen für die Heilung. Einen Platz für den Schmerz und einen für die Genesung.

Life will give you the lessons you need, as often as you need, in order for you to learn and grow. Dieser kluge Satz, den ich mal irgendwo gelesen habe, bringt die Sache auf den Punkt: Das Leben ist ein guter Lehrer. Die Lektionen, die es uns aufgibt, sind nicht immer die, die wir gern hätten. Dazu gehört auch zu akzeptieren, dass wir hin und wieder mit gebrochenem Herzen leben müssen. Ebenso wie wir hin und wieder mit Schmetterlingen im Bauch durchs Leben gehen.

Vertrauen ist der Anfang von allem

Was ich in der bisher schwierigsten und schmerzhaftesten Zeit meines Lebens verinnerlicht habe: Krisen, Rückschläge und Verluste gehören zum Leben dazu. Die Frage ist also nicht: Wie gehe ich ihnen aus dem Weg? Sondern: Wie gehe ich mit ihnen um?

Das ist gerade in einer Welt, in der die Frequenz der Veränderungen auf allen Ebenen immer schneller wird und die Tiefe der Einschläge zunimmt, von entscheidender Bedeutung – wirtschaftlich, politisch und gesellschaftlich. Eine Vielzahl von Themen muss parallel angegangen werden, und gleichzeitig sind wir mit zig Brandherden konfrontiert, für die es keine schnelle Brandbekämpfung gibt.

Eine kleine Auswahl aktueller Schlaglichter illustriert das in brutaler Deutlichkeit:

Der Klimawandel lässt den einst dauerhaft gefrorenen Boden in der Arktis erschreckend schnell tauen. Auch der Westantarktische Eisschild, der lange als stabil galt, zerfällt. Und obwohl Industrie und Politik beteuern, bis 2050 klimaneutral sein zu wollen, um die 1,5-Grad-Grenze noch einzuhalten, steigen die Emissionen jedes Jahr weiter an – weil wir immer noch zu viele fossile Brennstoffe verfeuern. Die tauende Arktis wird dadurch weiter zerstört – und sie wird sich dann keineswegs klimaneutral verhalten, was an der Eis-Albedo-Rückkopplung liegt.

Hinzu kommen kriegerische Auseinandersetzungen und Krisenbrandherde etwa in Afrika, im Nahen Osten und Osteuropa, deren Ende nicht absehbar ist. Das hat wiederum zur Konsequenz, dass die Zahl der Menschen, die vor Kriegen, Konflikten und Verfolgung fliehen müssen, sehr stark steigt.

Außerdem halten uns die Themen Genmanipulation und unkontrollierte künstliche Intelligenz in Atem, die mit hohen Risiken behaftet sind. Die Kette der schlechten Nachrichten reißt damit nicht ab: So ziemlich alle Menschen im arbeitsfähigen Alter sind mit der Frage konfrontiert: Wird durch die Digitalisierung mein Job wegrationalisiert? Die Zukunftsangst hängt wie eine dunkle Wolke über den Köpfen der Menschen und sorgt für große Verunsicherung.

Die Gemengelage ist überaus herausfordernd. Gleichzeitig wird vom Führungspersonal in Wirtschaft und Politik Orientierung erwartet. Aber wie soll die vermittelt werden, wenn unklar ist, wie der Weg genau aussehen soll? Allen ist zwar klar, dass Upskilling und Reskilling sowie das Vordenken neuer Aufgabenfelder für die menschliche Arbeit *die* Mega-Themen sind. Aber wie soll das funktionieren – und wo genau fangen wir an? Welche Weichen müssten schon heute gestellt werden – anstatt erst dann hektisch zu reagieren, wenn die Situation eingetreten ist?

Klimawandel, Schwierigkeiten in der Nahrungsmittelproduktion und der Energieversorgung plus geopolitische Konfrontationen erzeugen eine Welt, in der die Veränderungen der Sorte *»ugly«* nicht nur einige Länder und Märkte betreffen – sondern uns alle.

In unserer heutigen Welt schichten sich Disruptionen, Umbrüche und Krisen gleichsam übereinander. Deshalb ist der Begriff der Polykrise in aller Munde: Sobald eine neue Krise hinzukommt, verstärken sich die bereits vorhandenen Krisen gegenseitig.

Angesichts der enormen Vielzahl an Herausforderungen, denen wir gegenüberstehen, ist es leicht, sich in Zweifeln zu verlieren, ob es jemals wieder besser wird. Dieses Gefühl begleitete auch meine Krisenzeit in den ersten Wochen und Monaten. Was ich gelernt habe: Ohne Vertrauen bist du verloren!

Vertrauen hat drei Säulen:

1. **Selbstvertrauen**
   Dabei geht es um das überaus wichtige Selbstvertrauen in die Fähigkeit, mit Krisen und großen Herausforderungen umzugehen. Selbstvertrauen ist immens wichtig, aber gleichzeitig auch sehr brüchig: Heftige Einschläge können dich zutiefst verunsichern und das Vertrauen in deine Fähigkeiten aus dem Gleichgewicht bringen. Sich davon nicht aus der Bahn werfen zu lassen, dabei spielen die 7 Superkräfte eine wichtige unterstützende Rolle.

2. **Vertrauen in die Kraft der Gemeinschaft**
   Es gibt Probleme, die so groß sind, dass du sie allein nicht lösen kannst. Aber es gibt andere, die dir helfen können. In meinem Fall war es die Unterstützung durch eine Psy-

chologin, die mir von einer Freundin empfohlen wurde. Die Sitzungen mit der warmherzigen, äußerst erfahrenen Dame halfen mir, Stück für Stück die Fäden meiner Geschichte zu entwirren.
Auch die großen Krisen, die uns als Menschheit betreffen, können nur kollektiv gelöst werden. Nur wenn wir auf die Kraft des Miteinanders und der kollektiven Intelligenz vertrauen, ist es möglich, Schritt für Schritt an Lösungen zu arbeiten.

3. **Vertrauen in etwas Größeres**
   Eine der wichtigsten Fähigkeiten, die es zu entwickeln und zu stärken gilt in einer Welt, in der sich die Gegenwart überstürzt und die Frequenz der Veränderungen immer unkalkulierbarer wird, ist das Vertrauen darauf, dass wir mit dem Überraschenden umgehen können. Denn was passiert, können wir nicht beeinflussen – wie wir darauf reagieren, schon.

Sich dem Wandel zu stellen heißt, loslassen zu lernen. So paradox es klingt: Wer loslässt, verschafft sich deutlich mehr Stabilität in seinem Leben. Das heißt auch: mutig sein, ausprobieren. Stabilität gibt es nicht zum Nulltarif, sondern wir müssen sie uns erarbeiten. Das ist die Botschaft.

Umbrüche und Disruptionen fordern uns enorm heraus. Die Lösung liegt jedoch nicht in der Abwehr, sondern sie liegt darin, anzuerkennen, dass wir uns selbst verändern müssen. In allen Grenzsituationen, Widerständen und Krisen steckt immer auch die Einladung zur Weiterentwicklung und zum Entdecken neuer Horizonte und Möglichkeiten. Anspruchsvolle Zeiten fordern heraus und zwingen uns, neue Kompetenzen zu entwickeln. Darum geht es in diesem Buch. Es ist ein Mutmacher und ein Wegweiser zur Potenzialentfaltung.

Die 7 *Superkräfte*, zu deren Erkundung ich in diesem Buch einlade, sind die so wichtigen Lotsen und Wegbegleiter im Umgang mit der Veränderung. Die gute Nachricht: Wir tragen diese Kräfte bereits in uns – wir müssen sie nur wiederentdecken.

Eine Einladung des Lebens

Für viele ist der Umgang mit Grenzsituationen und Widerständen etwas, das möglichst vermieden werden soll. Sie ziehen eine Schutzmauer um ihr Leben, die sie vor bedrohlichen Veränderungen bewahren soll. Für eine solche Schutzmauer, die leider nicht wirklich schützt, ist ein Preis fällig: Das Leben wird nur halb gelebt. Denn von einer hohen Mauer umgeben zu sein heißt: Du bist eingemauert.

Und dann gibt es diejenigen, die es dem mythologischen Vogel gleichtun und sich nach einer Niederlage, einem Zusammenbruch wie Phönix aus der Asche neu erheben – als gereiftes, weiseres und gelasseneres Selbst.

Ich kenne beides: ein Leben hinter schützenden Mauern, um mich gegen die Kräfte der Veränderung abzuschirmen, und das Loslassen, das zum Einsturz der Schutzmauern führt. Beides ist herausfordernd, aber nur Letzteres hat mir eines der größten Geschenke meines Lebens beschert: zu erwachen und wach zu bleiben.

Was, wenn der Umzug in die Großstadt und der Start in mein neues Leben ein Fehler war?

Wenn es gelingt, eine massive Krise als das zu erkennen, was sie ist – nämlich eine Einladung des Lebens, an der Herausforderung zu wachsen –, dann, so meine Erfahrung, bringt sie dir sehr wichtige Erkenntnisse: über dich selbst, über das Leben und über die Quelle von innerem Wachstum, die für uns alle verfügbar ist und die nie versiegt.

Aber vor dem inneren Wachstum stehen der Schmerz und das unbehagliche Gefühl, an die eigenen Grenzen zu stoßen. »Der Schmerz«, so formuliert es Marie von Ebner-Eschenbach, »ist der große Lehrer der Menschen.«

Nachdem mein Mann und ich uns getrennt hatten, entschloss ich mich zum Neustart in Hamburg, 600 Kilometer von meinem alten Wohnort entfernt. Hamburg hatte mir immer schon gut gefallen, allerdings hatte ich dort anders als in Heidelberg kein Netzwerk, und die Stadt war mir nur wenig vertraut. Es war ein Mutsprung – ohne Netz und doppelten Boden.

Der Umzug in den Norden hatte elementar mit Abschied und Neubeginn, Mut zum Wandel und sehr persönlichen Veränderungen zu tun. Ich traute mich, loszulassen und mich auf Hamburg einzulassen. Das war eine wichtige Erkenntnis in meinem Leben: Alles hat seinen Preis!

1. **Der Preis, der für den Aufbruch fällig ist**
   Wer alte Kreisläufe verlässt, ist damit konfrontiert, dass Pläne scheitern, Hoffnungen sich zerschlagen und dass sich so mancher vermeintliche Weg als Sackgasse erweist. Das ist der Preis der Veränderung!

2. **Der Preis, der für das Verbleiben fällig ist**
   Das Verharren im Status quo trägt auch ein Preisetikett – obwohl viele das vehement ausblenden. Sie arrangieren sich mit den Umständen. Sie machen weiter wie bisher und gehen dabei viele – vielleicht sogar zu viele – Kompromisse ein. Sie hoffen. Warten. Geben sich Mühe. Und lassen dabei so manche Chance – nicht selten das Leben – an sich vorüberziehen.

Es gibt keine Garantien. Für nichts. Das zu begreifen, ist unkomfortabel. Gleichzeitig ist es enorm befreiend, denn es hindert dich daran, dich mit allen Kräften dort festzuklammern, wo Loslassen gefragt ist.

Einige Menschen, mich eingeschlossen, brauchen für diese Einsicht einen dramatischen Umbruch in ihrem Leben. Andere wiederum brauchen das nicht. Sie bündeln all die kleineren Änderungen des Lebens zu einer großen Lektion und finden so ihren Weg zu sich selbst.

Das Leben spricht zu uns

Wer genauer hinsieht, kommt an der unbequemen Erkenntnis nicht vorbei, dass tiefe Umbrüche und Disruptionen selten aus dem Nichts kommen – auch wenn es zunächst so scheint. Tatsächlich gibt es aber sehr wohl Hinweise und Signale. Sie werden nur überhört und ausgeblendet. Hinweise, genauer hinzuschauen, werden übertönt vom Alltagstrott, von vermeintlichen Zwängen und alten Denkgewohnheiten. Natürlich ist das eine Vermeidungsstrategie. Routinen erscheinen sicherer.

Das gilt nicht nur im Privatleben, sondern auch in Organisationen. Es ist beunruhigend zu sehen, wie häufig die Führungsriege vollkommen überrascht reagiert auf fundamentale Veränderungen, die das gegenwärtige Geschäftsmodell bedrohen. Allerdings ist die verspätete Erkenntnis, dass sich die Veränderung nicht mehr länger ignorieren lässt, praktisch immer eine Garantie dafür, dass das Umsteuern und Erneuern nur unter tiefem Schmerz gelingt – wenn überhaupt.

Die Verleugnung gehorcht einem vertrauten Muster: Ungünstige Entwicklungen werden zunächst als nicht plausibel oder bedeutungslos verworfen, dann als Ausnahmen von der Regel wegvernünftelt. Erst wenn die schiere Dimension des Umbruchs wirklich nicht mehr zu übersehen ist, werden – oftmals widerwillig – defensive Maßnahmen eingeleitet, bevor man sich schließlich ehrlich mit dem, was passiert, auseinandersetzt. Was allerdings auch nicht immer geschieht.

Ob im Geschäftlichen oder im Privaten: Um vor lauter Routine die Signale überhaupt wahrzunehmen, braucht es Mut, genauer hinzusehen und unbequeme Fragen zuzulassen: Ist das Zusammenleben als Paar, in dem sich keiner der Partner wirklich Zeit für den anderen nimmt, ein Zeichen dafür, dass einfach viel zu tun ist und man sich deshalb nicht aufeinander einlassen kann – oder ist es ein Zeichen dafür, dass sich das emotionale Band zwischen den Partnern immer stärker auflöst? Gehört es zum erfolgreichen Berufsleben im höheren Management dazu, immer wieder bis an den Rand der physischen und psychischen Erschöpfung zu arbeiten? Oder sind Hyperaktivität, das Nicht-abschalten-Können und die Verleugnung eigener Bedürfnisse Hinweise darauf, dass eine tief greifende Änderung notwendig ist?

Vielen widerstrebt es, genauer hinzusehen. Sie blenden Warnsignale aus. Vielleicht aus Angst, etwas verändern zu müssen. Oder weil sie befürchten, sich von schlechten Gewohnheiten, die sich in ihr Leben eingeschlichen haben, verabschieden zu müssen.

Vielleicht würde die ehrliche Beantwortung der unbequemen Fragen den gewählten Kurs ins Schlingern bringen, weil klar wird, dass eine Veränderung überfällig ist. Vielleicht würde der Wunsch nach einer Neujustierung, würde er denn umgesetzt, mit dem selbst errichteten Zäunchen um das Lebensgärtchen kollidieren.

Also machen wir dicht.

Hören nicht hin.

Blenden aus.

Ich weiß, wovon ich spreche. Denn lange Zeit war auch ich darin sehr »erfolgreich«.

In mir gab es etwas Rastloses. Ich war viele Jahre um die Welt gereist, hatte gearbeitet, geredet, geschrieben, gedacht und gemacht. Allerdings hatte ich mir kaum Grenzen gesetzt – nicht mir selbst und auch nicht meinem Umfeld. Das Allermeiste, was ich tat, bereitete mir große Freude. Ich reise leidenschaftlich gern, ich schreibe gern, ich halte sehr gern Vorträge, ich erkunde gern unbekanntes Terrain und mag es, Neues zu lernen und mich weiterzuentwickeln. Es ist kein Zufall, dass der Gallup StrengthsFinder – ein Persönlichkeitstest, der Menschen dabei hilft, ihre Stärken zu identifizieren und besser zu verstehen – bei mir Strategie und Höchstleistung als die beiden herausragenden Stärken zeigt. Darin steckt sehr viel Antriebskraft für den Erfolg.

Aber wie heißt es so treffend? Kein Licht ohne Schatten!

Ich verwendete einen Großteil meiner Energie in die Aufgabe, das Leben so zu formen, wie ich glaubte, dass es meinen strategischen Zielen entsprechen würde. Und wie ich glaubte, dass es von mir erwartet würde.

All das war gepaart mit einer sehr hohen Geschwindigkeit, mit der ich durchs Leben preschte. Vor lauter Fahrtwind, der mir um die Ohren pfiff, überhörte ich die zarten Signale in meinem Inneren. Ja, es gab Hinweise und Anzeichen. Beispielsweise ein latentes Gefühl der Unzufriedenheit. Es war ein deutliches Signal des Lebens. Aber ich war sehr gut darin, diese Unzufriedenheit wegzudrücken: »Alles halb so wild. Was du unzufrieden nennst, ist nichts anderes als Jammern auf höchstem Niveau.«

Das Leben ist clever.

Alles, was verdrängt oder ignoriert wird, findet andere Ventile, um sich bemerkbar zu machen: beispielsweise in Form einer ausgeprägten Neigung, anderen Vorwürfe zu machen, zu kritisieren und undankbar zu sein. Als Drang, rund um die Uhr beschäftigt zu sein, um dich von dir selbst abzulenken. Oder als andauernde innere Unruhe. Als Weltschmerz. Oder als Somatisierung, ein Prozess, bei dem psychische oder emotionale Probleme und Konflikte in körperliche Symptome umgewandelt werden.

Zunächst sind diese Signale zart und leise. Schenkst du ihnen kein Gehör, dann verwandeln sie sich in schrillere Töne. Was unter der Oberfläche schlummert, kommt irgendwann zum Vorschein.

So auch bei mir.

Die freundlichen Kräfte

»Im Schwierigen liegen die freundlichen Kräfte, die Hände, die an uns arbeiten.« Als ich diesen Satz des Dichters Rainer Maria Rilke zum ersten Mal las, schien er von meinem Leben zu sprechen, genauer gesagt von jenen schmerzhaften Tagen, als das Schwierige mit voller Wucht in mein Leben trat.

Unsere Trennung war die härteste Zeit meines Lebens. Dennoch bin ich für zwei Dinge dankbar: erstens für die vielen Jahre, die Peter und ich zusammen verbracht haben. Diese Jahre möchte ich um nichts auf der Welt missen. Und zweitens für die freundlichen Kräfte, von denen Rilke spricht. Wären meine Träume und Ideale nicht auf dem Boden der Realität zerbrochen, hätte ich niemals die »freundlichen Kräfte« für mich entdeckt.

Daraus folgt eine wichtige Erkenntnis. Eine, die wir uns ins Stammbuch des Lebens schreiben sollten: Jede Krise, jede Katastrophe in unserem Leben kann uns genau das geben, was wir brauchen, um zu dem Menschen zu werden, der wir wirklich sind.

Schwer zu schlucken, ich weiß.

Es ist schwierig, eine Krise für inneres Wachstum zu nutzen, wenn du mittendrin steckst. Wenn das Vertraute auseinanderbricht, ist es deutlich einfacher, jemand anderem die Schuld zu geben.

Dennoch bleibe ich bei meiner Aussage, dass jede Katastrophe im Leben dir genau das geben kann, was du brauchst, um als Mensch zu reifen.

Der Reifungsprozess erfordert die Bereitschaft, alte Gewohn- und Gewissheiten loszulassen und mit einer neuen Weltsicht zu experimentieren. Es ist eine sehr persönliche, einzigartige Entwicklungsreise, oftmals ausgelöst durch eine tiefe Krise. Die Krise bricht etwas auf, was zuvor verschlossen war. Und dann passiert etwas Bemerkenswertes: Deine Perspektive erweitert und verändert sich. »Wie ein Fisch, der zum ersten Mal das Wasser sehen kann, wenn er über die Wasseroberfläche springt, setzt das Erreichen einer neuen Perspektive voraus, dass wir uns von etwas trennen, von dem wir vorher umgeben waren«, so drückt es der Wirtschaftsphilosoph Frédéric Laloux in seinem Buch *Reinventing Organizations* aus.

Treffender kann man nicht beschreiben, was ich selbst erlebt habe. Danke, Frédéric!

Ja, »über die Wasseroberfläche zu springen«, ist anstrengend. Genau wie sich von alten Gewissheiten und Sicherheiten zu trennen. Ich bin überzeugt, dass es niemanden auf dieser Welt gibt, der angesichts des Anklopfens der schwierigen Veränderungen und der »freundlichen Kräfte«, von denen Rilke spricht, nicht lieber die Tür fest verschlossen halten und beide draußen stehen lassen würde.

Nobody said it would be easy.

Die Türöffner

Was also tun, wenn uns eine Krise, ein fundamentaler Umbruch voll erwischt? Es gibt einen Türöffner. Dort beginnt alles.

Es ist die Erkenntnis, dass wir mit unserem Schmerz und unserer Verletzlichkeit nicht allein sind.

Tatsächlich verhalten wir uns aber gegensätzlich. Wir gehen von der irrigen Annahme aus, dass wir die einzigen Wesen auf der großen weiten Welt sind, die eine dunkle und schwierige Zeit erleben. Alle anderen sind scheinbar glücklich, erfolgreich und haben ein erfülltes Leben.

Insbesondere dann, wenn wir uns in den sozialen Medien tummeln, drängt sich der Eindruck auf, dass alle in der Sonne sitzen und an Cocktails nippen, im Job von Erfolg zu Erfolg schreiten, die Freizeit wahlweise mit Sport oder dem Zubereiten wunderbar gesunder Mahlzeiten verbringen und ein sorgenfreies Familienleben genießen. Der schnöde Alltag wird geschönt, gefiltert und digital zurechtgeruckelt auf Sendung gebracht. Nach dem Motto: »Möge mein Leben eines Tages so schön sein, wie ich es auf Instagram darstelle.«

Tatsache aber ist: Die Hochglanzfassade unterscheidet sich dramatisch vom echten Leben. In jedem Leben gibt es Probleme. Jeder Mensch kämpft mit Herausforderungen. Aber nicht jeder redet darüber.

Ich habe Menschen im »echten Leben« kennengelernt, die sich online als perfekte Erfolgsgeschichte inszenieren. Ständig auf Reisen. Immer und überall die Bühnen »gerockt«. Jedes Buch ein Bestseller. Alles, was die Person anfasst, wird zu Gold.

Meine ernüchternde Erkenntnis: Was du bei LinkedIn, Instagram oder TikTok siehst, ist nur ein Teil der Geschichte. Das disqualifiziert diese Menschen nicht als Person. Wie man sich inszeniert, muss jeder für sich selbst entscheiden. Es bedeutet lediglich, dass wir nicht vergessen sollten: Jenseits der Hochglanzfassade haben wir es mit Menschen zu tun. Und das bedeutet, wir sollten nicht alles, was wir zu hören und sehen bekommen, für bare Münze nehmen. Wie ein afrikanisches

Sprichwort schon sagt: »Sei vorsichtig, wenn dir eine nackte Person ein Hemd anbietet.«

Aber auch jenseits von Social Media sind wir wahre Meister darin, so zu tun als ob. Du gehst zum Yoga, triffst eine Bekannte, mit der du schon seit Jahren zum gleichen Kurs gehst.

»Wie geht's?«, fragt sie dich.

»Gut.«

Sie fragt: »Wie geht es deinem Mann?«

»Auch gut.«

»Und der Job?«

»Ja, ist gerade viel los.«

»Und wie geht es dir?«, fragst du dann.

»Prima.«

»Was macht das neue Haus?«

»Wir sind gerade dabei, die letzten Umzugskisten auszupacken.«

So weit, so normal.

Aber das ist eben nicht die Realität. Dir ist es unangenehm zu sagen, dass du gerade in einer schmerzhaften Trennung steckst. Sie redet nicht darüber, dass der Umzug ins neue Haus sich als kolossaler Fehler entpuppt, weil die Renovierungsarbeiten ein Fass ohne Boden sind und das Ersparte so gut wie aufgebraucht ist.

Es ist fast so, als wäre es peinlich zuzugeben, dass wir menschliche Eigenschaften haben. Dass wir trauern, verwirrt sind, uns über uns selbst ärgern, uns schämen oder verletzlich sind.

Die Hochglanzfassade unterscheidet sich dramatisch vom echten Leben.

Du sagst dir: Ich habe jetzt nicht die Zeit, all die unangenehmen Details auszupacken. Außerdem kenne ich die Bekannte nicht so gut. Und ich möchte ihr nicht lästig fallen und sie mit meinen Problemen zutexten. Also halte ich den Mund und meine Realität unter Verschluss.

Die Ironie ist, dass alle anderen genau das Gleiche tun. Wir tragen eine offizielle Version und eine Schattenversion unserer selbst durchs Leben. Hinter der strahlenden Fassade, dem glücklichen Familienleben und den zur Schau gestellten Insignien des Erfolgs tobt das richtige Leben mit all seinen Enttäuschungen, Problemen, Verletzungen und Unsicherheiten.

Die fundamentale Lektion, die ich gelernt habe: Zu akzeptieren, dass das Leben dir gerade eine XXL-Packung an Schmerz, Unsicherheit und Verletzlichkeit gereicht hat, ist enorm wichtig, um die emotionale Stabilität schrittweise zurückzugewinnen.

Durch die Tür der Selbsterkenntnis zu gehen, heißt, mit dem Schattenselbst zu beginnen. Und dann zu schauen, was passiert, wenn wir anderen Einblick gewähren, wer wir wirklich sind. Das sollte langsam und überlegt passieren.

Der gewaltige Unterschied

Die Gelegenheit, den Umgang mit meinem Schattenselbst zu testen, ergab sich kurz nach der Trennung, als ich einem Journalisten ein Interview gab.

An irgendeinem Punkt in unserem Gespräch fragte er mich, wann es denn wieder ein neues Buch von Peter und mir gäbe. Ich musste schlucken. Gleichzeitig mit dem Impuls, irgendeine unverbindliche Antwort zu geben, tauchte plötzlich etwas Neues auf. Eine mutige Facette. Ich beschloss, mich zu öffnen und zu erzählen, was los war – nicht in allen Details, aber dennoch konkret: dass es mir im Moment durchwachsen gehe. Dass meine Ehe zu Ende sei. Dass ich nicht einschätzen könne, wann ich wieder ein Buch gemeinsam mit Peter schreiben würde.

Was folgte, überraschte mich. Der Journalist erzählte, dass

er sich vor acht Jahren von seiner Frau getrennt habe. Wie schwierig das gewesen sei und dass er immer noch ein schlechtes Gewissen habe, weil für seinen Sohn, damals im Teenageralter, eine heile Welt einstürzte.

Plötzlich waren drei Kanäle offen: Ich spürte mich selbst. Ich spürte meinen Gesprächspartner. Und ich bemerkte, dass er mich spürte.

Dann sagte er etwas Bemerkenswertes: »Hören Sie nicht auf mit dem Bücherschreiben. Eines ist allerdings sicher: Ihre neuen Bücher werden nie mehr so sein wie das, was Sie bisher geschrieben haben.«

Meine Erkenntnis: Wenn ich mich meinem Menschsein stelle, eröffnet sich mir eine wunderbare Quelle der Stärkung und Nähe. Offenheit macht mich weder klein, noch lässt sie mich inkompetent wirken! Weil viele das jedoch befürchten, umgeben sie sich insbesondere im Berufsleben mit dem Nimbus der Powerfrau oder des Powermanns, die oder der keinerlei Niedergeschlagenheit, Zweifel oder Ängste kennt. Die Aufrechterhaltung dieser Illusion ist nicht nur ungeheuer anstrengend – sondern auch null Komma null inspirierend, denn Perfektion ist kalt. Wie aber will jemand in einer Führungsrolle Menschen erreichen und ein gemeinsames Feuer für anspruchsvolle Aufgaben entfachen, wenn gleichzeitig das Menschsein an den Nagel gehängt wird?

Sich zu öffnen und einen Einblick in deine Gefühlswelt zu geben, macht dich nicht nur menschlicher, es lässt auch Vertrauen entstehen. Also das komplette Gegenteil von dem, was ich zunächst befürchtet hatte, nämlich dass der Journalist sagen würde: »Ach du lieber Himmel, jetzt kommt die mit dem Zeugs!«

Für mich war das eine wegweisende Erkenntnis, mich mehr zu öffnen, als ich es früher getan habe. Eine Frage, die ich aus dieser Selbsterkenntnis heraus in Diskussionen mit Führungskräften stelle: »Wie oft habt ihr euren Leuten schon erzählt, dass ihr schlecht geschlafen habt, weil eine Restrukturierung, ein Einsparungsprogramm, ein schwelender Konflikt oder vielleicht auch eine private Krise euch wach gehalten haben?«

Zumeist schaue ich bei dieser Frage in erstaunte Gesichter. Sich zu öffnen und über die eigenen Gefühle zu sprechen, gilt immer noch als No-Go. Allerdings spüren Menschen sehr genau, ob die Rolle der stets optimistischen zupackenden Führungskraft echt oder gespielt ist. Wir haben einen ziemlich guten Bullshit-Detektor.

Mehr von sich selbst zu zeigen und auch über Gefühle zu sprechen, hat einen Dominoeffekt – und das führt dazu, dass das gegenseitige Vertrauen gestärkt wird. Wenn die Führungskraft sich jedoch nicht hinter die Maske blicken lässt, werden die Mitarbeitenden auch nicht den Mut finden, sich zu öffnen. Eine stabile Vertrauenskultur kann so *nicht* entstehen.

Deshalb finde ich eine Anregung hilfreich, die Managementprofessor Wolfgang Jenewein und sein Co-Autor Oliver Böhm in einem Artikel für den *Harvard Business Manager* geben: »Wenn du das nächste Mal gefragt wirst: ›Wie geht es dir?‹, dann beantworte diese Fragen nicht mit einem reflexhaften ›gut‹, sondern nimm dir die Freiheit, ausführlicher und ehrlicher zu antworten: ›Meine Tochter ist krank, und ich habe jetzt die zweite Nacht kaum geschlafen. Gleichzeitig brauchen mich meine Mitarbeitenden gerade jetzt dringend. Ich kann im Moment nicht die Führungskraft sein, die mein Team verdient.‹«

Verletzlichkeit ist nicht gleichbedeutend mit unkontrolliertem Oversharing.

Sich als ganzer Mensch zu zeigen, der gute wie auch weniger gute Phasen in seinem Leben kennt, ist kein Eingeständnis von Inkompetenz und Schwäche. Sich zu öffnen ist jedoch nicht zu verwechseln mit unkontrolliertem Oversharing. Wer das tut, läuft Gefahr, dass der sprichwörtliche Schuss nach hinten losgeht.

Es geht also um kluges Abwägen.

Es wäre beispielsweise ziemlich unklug, als Start-up-Unternehmerin bei der nächsten Finanzierungsrunde den potenziellen Investoren zu sagen: »Ganz ehrlich, wir sind total überfordert mit dem, was wir tun. Wir verbrennen das Geld wie bei einem Osterfeuer. Keine Ahnung, ob und wann sich das ändern wird.«

Alles preiszugeben ist keine Verletzlichkeit, sondern Dilettantismus. Der entscheidende Punkt ist, angemessene Grenzen zu ziehen. Sich also zu fragen: Was und wie viel teile ich mit wem in welchem Kontext?

Im Falle der Start-up-Unternehmerin heißt das nicht, dass sie mit niemandem über ihre Nöte und Sorgen angesichts der Überforderung und rasanten Geldverpuffung sprechen könnte. Doch sie sollte klug abwägen und erkennen, dass es ziemlich hirnverbrannt wäre, ihre Bedenken und Sorgen vor potenziellen Investoren zu thematisieren – es sei denn, sie legt es darauf an, nie wieder eine Finanzierung zu bekommen und damit auch die Arbeitsplätze im Start-up zu gefährden.

Die Frage ist also: Wer ist die geeignete Person, mit der sie über ihre Probleme und Sorgen sprechen könnte? Das könnte ein Freund oder eine Freundin sein, ein Coach oder eine Vertrauensperson in der eigenen Familie.

MEINE ERKENNTNIS: Sich als ganzer Mensch zu zeigen heißt, die Maske abzunehmen und sich verletzlich zu zeigen. Das heißt nicht, dass wir alles mit allen teilen sollten. Wir können uns menschlich zeigen, ohne dass wir unsere Gefühle oder unser Leben bis ins allerkleinste Detail offenbaren. Wie immer gilt es auch hier, den richtigen Moment zu wählen und darauf zu achten, dass die geteilte Information für unser Gegenüber relevant ist. Die Relevanz und das Timing machen den Unterschied!

II.

Die Antworten, die wir in uns tragen

Dieser eine Moment, dieser kurze Augenblick, der alles verändert.

Es passiert fast unmerklich: ein einziger Satz, ein Blick. Der aber kann eine gewaltige Kraft entwickeln. Plötzlich siehst du ganz klar und weißt: Ab jetzt wird alles anders.

Dieser Moment kam für mich einige Monate nach der Trennung. Ich war in Berlin, um auf einem Kongress eine Keynote für Führungskräfte aus der Finanzbranche zu halten. Die Veranstaltung fand im Ritz-Carlton am Potsdamer Platz statt. Am Eingang des Frühstücksraums empfing mich am Morgen der Veranstaltung ein freundlicher Mitarbeiter, der mich mit einer einladenden Armbewegung dazu aufforderte, ihm zu folgen. Als ich mich an den Tisch setzte, schaute er mich freundlich an. »Sind Sie allein?«

Eine Frage, mit der er in Erfahrung bringen wollte, ob er die anderen Gedecke vom Tisch entfernen sollte.

Eine Frage, die mich mitten ins Herz traf.

Wow, dachte ich. So ist es. Ich bin allein. Niemand kommt, um mich zu retten. Niemand kommt, um meine Probleme zu lösen. Die Einsicht machte mich weder traurig noch froh – es war die radikale Akzeptanz, dass es so ist, wie es ist.

Dieser Moment war ein Wendepunkt. Es kam mir vor, als wäre ein Vorhang aufgegangen. Ein unverstellter Blick hatte sich geöffnet. Meine Wahrnehmung wurde weiter, klarer.

Die Frühstücksgeräusche verwoben sich mit der dezenten Hintergrundmusik aus den Wandlautsprechern zu einem Klangteppich. In diesem Moment hörte ich – über das Klappern der Porzellantassen und die Gesprächsfetzen der anderen Gäste hinweg – einen Refrain. Wie losgelöst von der Musik schienen die Worte durch den Frühstücksraum zu schweben:

You have all the answers inside yourself – if you only slowed down to listen.

Ich kann bis heute nicht sagen, ob das der Songtext war, der aus den Lautsprechern kam, oder meine Imagination. Die Worte, woher sie auch immer gekommen waren, sagten mir: Finde dich damit ab. Das Leben ist chaotisch, manchmal großartig, manchmal schmerzhaft – und immer im Wandel begriffen. Das Leben ist kein Projekt, das du mit deinem Verstand runterbrechen und säuberlich in Aufgabenblöcke zerlegen kannst.

Die Antworten für meinen Weg finden sich nicht im Kopf, in der Analyse. Die Antworten finde ich anderswo.

Ich trage sie bereits in meinem Inneren.

Alles, was ich tun muss: *Slow down and listen!* Die Reisegeschwindigkeit verlangsamen und genau hinhören!

Bestimmte Momente im Leben sind wie eine Tür zu einem Raum, den wir zuvor noch nie betreten haben. Dieser neue Raum ist eine andere Dimension unseres Selbst, mit der wir zuvor nicht vertraut waren.

In diesem Moment, am Frühstückstisch im Hotel in Berlin, ging ich durch die Tür und betrat diesen neuen Raum. *You have all the answers inside yourself* ist seitdem der Kompass auf meiner Lebensreise.

> **Mein armer Verstand hatte zuvor die Aufgabe, das volle Gewicht meines Lebens zu stemmen – höchste Zeit, etwas davon abzugeben.**

In der Vergangenheit hatte ich immer nur ein Organ zurate gezogen, wenn es um richtungsweisende Entscheidungen in meinem Leben ging: meinen Kopf. Mein armer Verstand hatte zuvor die Aufgabe, das volle Gewicht meines Lebens zu stemmen.

Höchste Zeit, einen Teil des Gewichts an ein zweites Organ abzugeben: mein Herz.

Warum war ich in der Vergangenheit nur so zögerlich gewesen, auf mein Herz zu hören? Vielleicht, weil ich schon als Kind gelernt hatte, dass mein wacher und wendiger Geist mir Anerkennung bringt. Vielleicht, weil strategisches Denken und

Analysieren und das tiefe verstandesmäßige Durchdringen von Problemstellungen etwas ist, das mir liegt und das mir im Studium und im Beruf immer dienlich war und mich erfolgreich gemacht hat. Vielleicht auch deshalb, weil die rationale Intelligenz in unserer Gesellschaft am höchsten bewertet wird und andere Formen von Intelligenz bestenfalls als *»nice to have«* angesehen werden.

Was es auch immer war, das mich so kopflastig hat werden lassen, ist letztlich irrelevant. Wichtig war die Erkenntnis, es von jetzt an anders zu machen.

Keine Psychohacks

Eine Wirtschaftsjournalistin fragte mich mal in einem Interview, was Menschen auszeichnet, die mit Krisen, Umbrüchen und Veränderung erfolgreich umgehen. Eine echte Schlüsselfrage im Kontext einer chaotischen Welt, in der die Frequenz der Umbrüche immer schneller und unkalkulierbarer wird.

Meine Überzeugung: Zukunftsfähigkeit bedeutet, sich darauf einzulassen, dass es anders kommt als geplant, und dennoch konstruktiv damit umzugehen. Meine persönliche Geschichte von Verlust und Transformation war der Katalysator für diese Erkenntnis.

Daran schließt sich ein weiterer Gedanke an, der so wahr ist, dass er die Qualität eines Erkenntnissatzes hat: *Warte nicht auf das Ende des Sturms der Veränderung, sondern lerne, im Sturm zu tanzen!*

Der Umgang mit den Umbrüchen und Krisen, die wir nicht nur im eigenen Leben erleben, sondern auch auf der Makroebene in Wirtschaft, Politik und Gesellschaft, verlangt uns allen viel ab. Um erneut auf die Frage der Wirtschaftsjournalistin zurückzukommen: Eine Veränderung erfolgreich anzugehen, erfordert Mut verbunden mit dem Willen, jeden Tag etwas

Neues zu lernen und bereit zu sein, altbekannte Pfade zu verlassen und scheinbare Gewissheiten zu hinterfragen. Letzteres fällt vielen schwer, weil sie das Loslassen alter Gewissheiten und die Verabschiedung von alten Wegstrecken als großen Verlust empfinden.

Dem römischen Kaiser Mark Aurel waren schwere Zeiten und große Herausforderungen vertraut. In seiner Regierungszeit gab es Kriege, Aufstände und eine verheerende Seuche. Nebenher schrieb er mit den *Selbstbetrachtungen* eines der bedeutendsten Werke der Philosophie. Auch fast 1.900 Jahre später sind die Erkenntnisse des Philosophen auf dem Kaiserthron von zeitloser Relevanz. Einer seiner Erkenntnissätze lautet:

Verlust ist nichts anderes als Verwandlung.

Das, was wir anfangs als Verlust empfinden, ist zugleich eine Einladung zur Verwandlung. So war es auch bei mir. Um das Leben zu finden, das auf mich wartet, musste ich mich von dem Leben lösen, das ich geplant hatte. Im Prozess des Loslassens steckt bereits der nächste Entwicklungsschritt, weil er dazu aufruft, Inventur zu machen – also das Leben neu zu sortieren und auszuwählen, was ich wirklich brauche.

Als ich beschloss, die Einladung zur Inventur anzunehmen, kam der Heilungsprozess in Gang. Und nein, es gibt dafür keine Abkürzung, keine Psychohacks. Der Prozess dauert – in meinem Fall ein gutes Jahr.

Einige Monate nach der Trennung begann sich etwas in mir zu bewegen. Erst zaghaft, dann immer deutlicher. Meine innere Stimme meldete sich. Sie war schon die ganze Zeit da gewesen, aber ich hatte kaum hingehört. Erst jetzt bekam sie den nötigen Raum.

Diese innere Stimme flüsterte mir zu: »Es ist Zeit für den Aufbruch! Niemand kann dir das abnehmen. Du musst dich dazu entschließen!«

Wie der neue Weg aussehen sollte und was das im Detail für

mich bedeutete: Keine Ahnung! Dazu würde ich mutig sein müssen und bereit, Experimente zu wagen – wohlgemerkt mit ungewissem Ausgang, denn das liegt in der Natur von Experimenten. Dazu später mehr.

»Verlust ist nichts anderes als Verwandlung.«
Mark Aurel

Obwohl mir der Weg nicht im Detail klar war, spürte ich dennoch Gewissheit, dass es sich lohnte aufzubrechen. Auch ohne Google Maps mit seinen exakten Routenführungen und Sterne-Bewertungen möglicher Ziele.

Das, was ich in meinem Leben als so wichtig erlebte, nämlich das Vorantasten in die Zukunft ohne Navigationshilfe, ist etwas, das nicht nur im Privaten, sondern auch in der Welt der Wirtschaft immer mehr zur Normalität wird – und gleichzeitig so schwerfällt.

Gary Hamel, Management-Vordenker und Gastprofessor an der London Business School, hat mal scharfzüngig angemerkt, dass die meisten heutigen CEOs unter keinen Umständen mit Christoph Kolumbus ins Boot gestiegen und losgesegelt wären. Bevor die Chefs überhaupt einen Fuß auf die *Santa Maria* gesetzt hätten, wären erst einmal entsprechende TripAdvisor-Bewertungen verlangt worden.

Hamel legt den Finger in die Wunde: Der Aufbruch in eine unbekannte Zukunft ist immer gepaart mit Unsicherheit. Der Drang, vermeintliche Sicherheit zu gewinnen, führt zu der Unsitte, Fakten, Bewertungen und übertragbare Erfahrungen händeringend zu suchen, um die Entscheidung, ob man nun auf das Schiff geht oder nicht, »faktisch« zu unterfüttern.

Wenn wir uns entschließen, neue Wege einzuschlagen, ist Ungewissheit Teil des Deals. Für Kolumbus, der sich aufmachte, einen westlichen Seeweg nach Indien zu entdecken, war die Wahrscheinlichkeit des Gelingens nicht kalkulierbar. Natürlich war er ein erfahrener Seemann, aber vergangene Erfahrungen helfen nicht für eine ungewisse Zukunft. Auch die

Möglichkeit, Expertenrat einzuholen, war versperrt. Ganz einfach deshalb, weil Kolumbus zu seiner Zeit niemanden fragen konnte, der bereits einen ähnlichen Versuch unternommen hatte. Die Entscheidung, dennoch loszusegeln, war eine mutige Wette in einer Situation voller Ungewissheit.

Auch hier und heute gilt: Wer sich für den Aufbruch in eine unbekannte Zukunft entscheidet, muss durch den Feuerreif der Ungewissheit springen. Du musst springen, ohne zu wissen, wo genau du landen wirst. Es gibt keine Möglichkeit, einen Sprung in eine andere Richtung probeweise durchzuspielen oder bei TripAdvisor nach den zehn besten Landeplätzen zu suchen.

Für mich brauchte es das Drama des Lebens und den damit verbundenen Abschied von alten Plänen und Gewissheiten, um den Sprung zu wagen. Die einzige »Sicherheit«: Sollte sich mein eingeschlagener Weg als zu holprig oder sogar unbegehbar herausstellen, würde ich mich neu entscheiden. Das war eine Erkenntnis, die für mich die Qualität einer 180-Grad-Wende hatte. Denn eigentlich hatte ich längst einen Plan fürs Leben gehabt und war überzeugt gewesen, alles »im Griff« zu haben.

Heiliger Bimbam! So kann man sich vertun.

Stirb und werde!

Sich ohne Navigationshilfe auf den Weg zu machen, ist der Moment, in dem wir uns entscheiden, Ungewissheit und damit verbundene Verletzlichkeit zuzulassen. Gleichzeitig laden wir eine wichtige Kraft in unser Leben ein: die Freiheit. Was wir uns klarmachen sollten: Während die möglichen Wunden, die aus der Verletzlichkeit rühren, temporärer Natur sind und wieder heilen, ist die Freiheit dauerhaft.

Die berühmte Sentenz *Stirb und werde!* stammt aus »Selige Sehnsucht«, einem von Goethes meistinterpretierten Gedichten. Ich erinnere mich, es zu meiner Gymnasialzeit im Leistungskurs Deutsch gelesen zu haben. In meinem Fall hat es einige Jahrzehnte gedauert, um das, was Goethe schreibt, zu durchdringen – nicht nur mit dem Verstand, sondern mit dem Herzen.

**»Und so lang du das nicht hast,
Dieses: Stirb und werde!
Bist du nur ein trüber Gast
Auf der dunklen Erde.«
Johann Wolfgang von Goethe**

Als ich mitten im tiefsten Umbruch meines Lebens »Selige Sehnsucht« wieder las, fühlte es sich an, als sei ich nach Hause gekommen. In mir reifte die Erkenntnis, dass das Sterben und das Werden, von dem Goethe spricht, genau jene Entwicklungsreise ist, die wir unter zig verschiedenen Namen kennen: die Odyssee. Der epische Kampf. Die dunkle Nacht der Seele. Die Heldenreise.

Alle diese Begriffe beschreiben einen Prozess, der stets in einer Zeit großer Herausforderungen beginnt. Sie sind die Einladung des Lebens, durch viele Wandlungen hindurchzuwachsen und als Person kenntlicher zu werden.

Dass zu Beginn der Reise immer große Schwierigkeiten stehen, macht die Sache natürlich nicht gerade einfach! Aber die Herausforderungen tragen eben auch das Potenzial in sich, Quell neuer Erkenntnisse zu sein. Wir brauchen sie, um gestärkter, weiser und entwickelter durchs Leben zu gehen. Gleiches gilt auch für Organisationen: Herausforderungen und Krisen haben eine sehr wichtige Funktion – genauer gesagt eine Entkalkungsfunktion – denn sie zwingen Organisationen zum Lernen und zur Weiterentwicklung.

Mir hat die intensivere Beschäftigung mit dem amerikanischen Mythenforscher Joseph Campbell die Augen geöffnet. Campbell hat aus unzähligen Sagen, Märchen und Mythen das Grundprinzip der Heldenreise herausdestilliert. Diese folgt einem archaischen Erzählmuster, dessen Grundgerüst und

Stammpersonal unverrückbar feststehen: Immer geht es um die Suche nach dem Selbst, um das Wachsen und Reifen der Person. Das lässt sich natürlich auch auf die Ebene eines Teams oder auf eine gesamte Organisation übertragen.

Die Heldenreise beginnt mit etwas, das uns eigentlich widerstrebt – und nicht nur darin gleicht sie dem, was ich zuvor beschrieben habe: der Abschied von altvertrauten Bindungen, Denk- und Handlungsmustern und Gewohnheiten. Die ersten Meter auf der Wegstrecke sind ein vorsichtiges Vorantasten verbunden mit Verletzlichkeit, da das neue Terrain unsicher und der Weg unbekannt ist und das alte Selbstbild ins Wanken gerät.

Um es an meinem Beispiel zu konkretisieren: Der Abschied von alten Wegen und damit verbundenen Gewissheiten nach meiner Trennung bedeutet für mich, meine alte Identität – zumindest ein Stück weit – hinter mir zu lassen. Sie erschien mir wie eine alte Jacke, die ich lange Jahre gern getragen hatte, weil sie vertraut und bequem war. Nun aber passte sie nicht mehr richtig.

Wenn wir eine solche alte Jacke abstreifen, stellt sich die Frage: Wer sind wir ohne unser bisheriges Selbstverständnis? Welcher Weg ist überhaupt der richtige? Und wie gehen wir mit dieser diffusen Angst um, die Herausforderungen, die mit der Entwicklungsreise verbunden sind, nicht auf die Reihe zu bekommen?

Darum geht es in der Heldenreise. Aufzubrechen bedeutet, sich auf das Unwegsame einzulassen. Sobald dieser Entschluss gefasst und die Schwelle überschritten ist, gibt es kein Zurück mehr. Jetzt beginnt eine Zeit des Aufbruchs, des Lernens und der anstrengenden Prüfungen.

Mit diesem Schritt treten Ängste und Bedenken auf. Wir alle kennen das. Campbell spricht hier von Schwellenhütern, die uns zum Bleiben überreden wollen. Also die Zweifel und Unsicherheiten, die dir zuflüstern: »Lass es. Das ist eine Nummer zu groß für dich!« Oder die Schwellenhüter in einer Organisation, die als Bedenkenträger mit dem ausgestreckten Finger auf die potenziellen Risiken zeigen und mit mahnender Stimme darauf hinweisen, dass das Alte doch noch gut funktioniere und das Neue mit enormen Risiken verbunden sei.

Die Stimmen im Innen und Außen, die vom Aufbruch abraten, sind enorm stark. Sie nähren die Zweifel und verstellen sogar den Weg zum Aufbruch. Das ist der Grund, warum viele sich erst gar nicht auf den Weg machen. Sie misstrauen dem Risiko und/oder sind sich unsicher, ob sie der Herausforderung gewachsen sind. Also wird die Reise erst gar nicht angetreten. Lieber verharrt man im möblierten Sicherheitscontainer des Altvertrauten.

Ob wir verharren oder aufbrechen, hängt am Mindset oder der Grundhaltung, mit der wir durchs Leben gehen. Zeigen wir mit dem Finger aufs Risiko und leiten daraus ab, dass es nicht geht? Hoffen wir auf den Retter, der uns aus der gegenwärtigen Situation herausholt?

Oder realisieren wir, dass niemand uns retten wird, außer wir selbst? Akzeptieren wir, dass das Risiko dazugehört, wenn wir den Aufbruch wagen, und machen uns dennoch auf den Weg?

Diese beiden unterschiedlichen Denkhaltungen finden sich auch in Organisationen:

In Organisationen, in denen die Gralshüter des Status quo den Ton angeben, werden gern die schwierige Marktlage, die unzuverlässigen Kunden oder die irrlichternde Politik dafür verantwortlich gemacht, dass es mit dem eigenen Wachstum und der Weiterentwicklung nicht vorangeht. Schuld sind immer die anderen.

Organisationen, die sich durch Pioniergeist, Entdeckungsfreude und kluge Risikobereitschaft auszeichnen, verstehen herausfordernde Zeiten als Einladung, gerade jetzt mutig zu denken und in die Weiterentwicklung zu investieren.

Zwei Mindsets so unterschiedlich wie Tag und Nacht.

Ich kenne Menschen, die seit unzähligen Jahren über ihren nervigen Job stöhnen, über ihre Kollegen und über das Unternehmen – aber sie sind immer noch da! Oder Männer und Frauen, die sich bei jeder Gelegenheit über ihren Partner oder ihre Partnerin beschweren, aber dennoch die praktikabelste Möglichkeit ablehnen, ihr Leiden zu beenden: nämlich ihre Tasche zu packen und zu gehen. Ich kenne Menschen, deren Lebensweise ihre Gesundheit gefährdet, die aber dennoch nicht den Entschluss fassen, das zu ändern. Stattdessen bauen sie ein in sich schlüssiges Argumentationsgebäude auf, warum sie nicht anders können. Veränderungsvorschläge von Menschen, die aufzeigen, wie es anders gehen könnte, werden als nicht praktikabel abgelehnt.

Viele Menschen ignorieren oder verneinen, dass sie wählen können. Im Beruflichen wie auch im Privaten.

In unserem Buch *Vergeude keine Krise* haben Peter und ich die »40 Megahits der Bremser« zusammengestellt – sozusagen die Hitparade der Ausreden. Hier die Top 10 der ewigen Bestenliste:

1. O je, ganz schlechter Zeitpunkt. Krise und so ...
2. Das können wir uns momentan nicht leisten.
3. Das hat vor sieben Jahren schon mal jemand versucht.
4. Dazu fehlt uns die Manpower.
5. Das Budget reicht nicht.
6. Das geht nicht.
7. Das will niemand.
8. Mein Mann/meine Frau/mein Chef____ (bitte Passendes einsetzen) will das nicht.

9. Ich würde gern, aber die lassen mich nicht.
10. Dazu fehlt die Fachkompetenz.

Auf diese Liste werde ich immer wieder angesprochen – vermutlich, weil sie bei vielen ein echtes Déjà-vu auslöst.

Hinter der Hitparade der besten Ausreden verbirgt sich eine unangenehme Wahrheit: Verneine oft genug, dass es jetzt gerade nicht geht und übrigens auch nicht in den nächsten 100 Jahren – und du kettest dich selbst an den Pflock der Unveränderlichkeit. Dann kannst du später immerhin noch triumphierend ausrufen: »Seht her, ich hatte recht!«

Eine brandgefährliche Haltung – sowohl auf individueller wie auf kollektiver Ebene!

Die starke, erfolgsverwöhnte Tradition, wie wir sie in Westeuropa haben, verführt zu dem Glauben, dass wir nur Kurs halten müssten. Dass es so, wie es lange war, auch noch lange sein kann. Ein Irrtum, der nicht größer sein könnte!

Je unkalkulierbarer und unplanbarer die Dinge werden, desto wichtiger der Perspektivenwechsel: Nicht die Krisen, Umbrüche und Herausforderungen diktieren unseren Mut und unseren Willen zur Zukunftsgestaltung – sondern unsere innere Haltung. Wir haben die Wahl. Sind wir bereit, den Gestaltungsauftrag, den uns das Leben in Form eines Umbruchs, einer tiefen Erschütterung oder einer großen Herausforderung gesendet hat, anzunehmen? Oder ziehen wir uns darauf zurück, dass es leider nicht geht, weil ... ja weil ...

! **MEINE ERKENNTNIS:** Das Bewusstsein für die Wahlfreiheit ist ein echter Gamechanger. Nicht nur, weil es das Kennzeichen eines erwachsenen Lebens ist, sondern auch, weil es ganz einfach gesund ist. Die Energie kommt von innen! Sie steckt in den 7 Superkräften, die wir bereits in uns tragen.

III.
7 Superkräfte kompakt

Die nächsten Kapitel handeln von den 7 Superkräften, die uns in Zeiten von Ungewissheit und Veränderung stärken. Sie lotsen uns durch Umbrüche und Krisen. Sie entfesseln unser volles Potenzial. Und das Beste: Wir tragen sie bereits in uns.

Die erste Superkraft ist Stille statt Bullshit! Zeit und Raum für Kontemplation und Stille ist der Schlüssel, um nicht vor lauter Aktivität und Tageshektik den Blick für das Wesentliche zu verlieren. Wie aber soll das gehen? Es herrscht endlose Geschäftigkeit, das Smartphone piept, klingelt und pingt nonstop, ein Meeting reiht sich ans nächste – und am Abend stehen noch siebenunddreißig Freizeitaktivitäten auf der Agenda. An solchen Tagen fühlt sich der Kopf an wie ein Browser: 19 Tabs offen, drei davon eingefroren, und du hast keine Ahnung, wo die Musik herkommt. Was also tun? Die Lösung liegt nicht in Produktivitätshacks, die noch mehr Aktivitäten in weniger Zeit ermöglichen – sondern darin, weniger Bullshit zuzulassen. In diesem Kapitel zeige ich, wie das gelingt.

Mit der zweiten Superkraft erkläre ich, was radikale Akzeptanz für Umbruchsituationen leistet. Etwas radikal anzunehmen bedeutet, anzuerkennen: Es ändert sich nichts, wenn ich dagegen bin. Was ist, ist! Damit ist kein wurstiges »Is' halt so, mir doch egal« gemeint – es geht vielmehr darum, den inneren Widerstand gegen eine Situation aufzugeben. Es ist wichtig, aus vollem Herzen Ja zu dem zu sagen, was das Leben für uns bereithält, und damit zu arbeiten. Irgendwo habe ich diesen zauberhaften Satz gelesen: *Happiness is a function of accepting what is.* Das ist in Situationen, die sich überhaupt nicht mit unseren Wünschen und Vorstellungen decken, eine große Herausforderung. Radikale Akzeptanz ist wie ein Muskel, der sich trainieren lässt und der hilft, den gegenwärtigen Moment zum Freund und Verbündeten zu machen. Und ja, dieser Muskel hat die Kraft, dein Leben auf wunderbare Weise zu verwandeln.

»Happiness is a function of accepting what is.«
Werner Erhard

Die dritte Superkraft ist Eigenmacht. Dieser Superkraft einen festen Platz im eigenen Leben zu geben bedeutet, ein gedankenloses »Ich muss« durch ein bewusstes »Ich will!« zu ersetzen – also Verantwortung für das eigene Tun und Unterlassen zu übernehmen. Das schmeckt nicht jedem, denn diese Superkraft gibt die Verantwortung für das Denken und Handeln an uns selbst zurück. Aber Eigenmacht gehört zum Erwachsensein.

Zeiten des Umbruchs sind immer mit großer Ungewissheit und Unsicherheit verbunden. Die Frage ist, wie wir damit umgehen. **Das führt zur nächsten Superkraft, dem Spiel mit der Ungewissheit.** In diesem Kapitel zeige ich, wie es gelingt, sich auf Unsicherheit einzulassen und trotzdem handlungsfähig zu bleiben.

Die fünfte Superkraft ist Entschiedenheit. Es geht dabei um die Fähigkeit, im richtigen Augenblick Ja, aber auch Nein zu sagen. Wichtig ist dafür die Balance zwischen dem, was andere von uns erwarten, und dem, was für uns selbst wirklich zählt – ein entscheidender Perspektivenwechsel von außen nach innen. Dieser hilft, wichtige Grenzen zu setzen. Das aus Entschiedenheit geborene Ja und Nein als Kompass für deinen Weg ist ungeheuer kraftvoll!

Die sechste Superkraft ist flexibles Denken. Menschen sind Meister der Selbsttäuschung. Viele klammern sich an ihre Weltsicht, hinterfragen niemals altvertraute Sichtweisen – die dann »Standpunkt« genannt werden. Problematisch wird es immer dann, wenn Menschen das, was sie sehen, für die »unverrückbare« Wahrheit halten. In einer Welt, die sich durch Globalisierung, Digitalisierung, disruptive neue Technologien und jede Menge Krisen und Herausforderungen in atemberaubendem Tempo ändert, ist ein Denken, das an ehernen »Wahrheiten« festklebt, brandgefährlich. Wer nicht hinterfragt, hat schon verloren! Um dieser Falle zu entkommen, braucht es einen flexiblen Geist. In diesem Kapitel zeige ich dir, wie es gelingt, den eigenen Denkrahmen immer mal wieder zu sprengen, alte Gewissheiten zu hinterfragen und Mehrdeutigkeiten anzunehmen.

Neue Einsichten zu gewinnen, ist die Triebkraft für die letzte und siebte Superkraft: Experimente. In der Industriegesellschaft, die wir gerade hinter uns lassen, deren Kultur aber nach wie vor präsent ist, war es das Wichtigste, definierte Vorgaben fehlerfrei umzusetzen und Routinen und Normen zu befolgen. Heute ist Erneuern die sehr viel wichtigere Arbeit. In einer Welt, die nicht mehr den Gesetzen der Planbarkeit gehorcht, in der Umbrüche und neue Konstellationen quasi über Nacht auftauchen, sind Experimente die zeitgemäße Strategie. Der Philosoph Ralph Waldo Emerson hat es mal so ausgedrückt: »Das ganze Leben ist ein Experiment. Je mehr Experimente du anstellst, desto besser.« Wir entfalten die allergrößte Kraft, wenn wir mutig sind, etwas ausprobieren und dabei lernen, nachjustieren und weitermachen. Wie sich das am besten umsetzen lässt, verrate ich im letzten Kapitel.

Und nun – Vorhang auf für die 7 Superkräfte!

IV.
Superkraft 1: Stille statt Bullshit

Die-Steuerklärung-muss-noch-vorbereitet-werden-ätzend-dass-ich-solche-Sachen-immer-vor-mir-herschiebe-bin-mal-gespannt-was-es-heute-Mittag-zu-essen-gibt-mein-Rücken-tut-weh-könnte-niemals-im-Lotussitz-auf-dem-Kissen-sitzen-verdammt-ich-will-meditieren-ständig-schweife-ich-ab ...

Willkommen in meinem Kopfkino. Ich meditiere und bemerke, dass ich unentwegt in Gedanken bin. Oder präziser: dass es mich denkt. Es ist eine geradezu schockierende Erkenntnis, wie wenig Kontrolle ich über meinen Geist habe.

In einem Meditationsbuch habe ich gelesen, dass ich auf Distanz zum Gedankenkarussell in meinem Kopf gehen kann, indem ich meine Gedanken wahrnehme und sie dann aber wie Wolken vorüberziehen lasse. Tja, leichter gesagt als getan!

Am Wochenende bin ich an die Nordseeküste gefahren, um an einem fünftägigen Schweigemeditations-Retreat im Upleven teilzunehmen, einem Ort, für den sich nur schwer ein Etikett finden lässt: irgendwas zwischen Hotel und Kloster. Schweigen, Meditieren und die Begegnung mit dem Selbst stehen auf der Agenda.

Das Upleven befindet sich im verschlafenen Dorf Wremen, direkt an der Küste, auf dem Deich. »Ein Raum für Zeit in Stille« lautet die Philosophie. Kein Fernsehen, keine digitalen Geräte, keine Events, kein Lärm. Zum Check-in muss ich klingeln. Die Tür ist verschlossen, um Neugierige und Touristen draußen zu halten.

Als ich meine Keycard fürs Zimmer erhalte, gebe ich im Gegenzug mein Smartphone und Tablet ab – das mache ich freiwillig. Es geht darum, die äußeren Reize auszuschalten, um mich auf mein Inneres zu konzentrieren.

Zudem verpflichte ich mich, während der gesamten Zeit weder zu sprechen noch in nonverbale Kommunikation zu gehen. Insbesondere Letzteres ist für mich gewöhnungsbedürftig. Jemand kommt mir im Treppenhaus entgegen, und wir beide schauen in die entgegengesetzte Richtung – das ist schräg! Aber die andere Person anzulächeln oder zu nicken, wäre eben auch eine Form der Ablenkung.

Schreiben und lesen sind nicht ausdrücklich untersagt, aber es wird davon abgeraten. Warum? Du errätst es. Es lenkt ebenfalls ab.

Unsere rund zwanzigköpfige Gruppe, deren Mitglieder im Alter von Mitte 20 bis Anfang 60 sind, erwartet ein sehr strukturierter Tagesablauf: sechs Meditationen täglich, eine davon geführt. Die erste beginnt um 6.30 Uhr, die letzte um 21.00 Uhr. Die einzigen Unterbrechungen sind die drei Mahlzeiten, die per Glocke im Erdgeschoss angekündigt werden, und die gelegentlichen Spaziergänge auf dem Deich mit Blick aufs Wattenmeer.

Ich bin neugierig auf die fünf Tage, die vor mir liegen, aber auch ein bisschen angespannt. Es ist nicht meine erste Begegnung mit der Meditation. Ich meditiere zu Hause phasenweise regelmäßig, dann aber auch wieder nicht. Über den strengen Tagesablauf will ich eine gute tägliche Routine entwickeln. Von einem Freund, der selbst wegen eines Burn-outs intensiv in das Thema Meditation eingestiegen ist, hörte ich, dass die ersten Tage im Retreat für Menschen, die noch nicht lange meditieren, eine Grenzerfahrung sein können, weil es möglich ist, dass dabei verdrängte Themen hochsteigen. Es kommt vor, dass Teilnehmende anfangen zu weinen, weil sie spüren, dass seit langer Zeit etwas auf ihrer Seele lastet. Andere wiederum brechen vorzeitig ab. Gleichzeitig höre ich aber auch Berichte von Menschen, die tiefe Erkenntnisse gewonnen haben. Mal sehen, was es bei mir wird.

Alleinsein und ganz bei mir selbst sein ist ein großes Geschenk.

Zudem merke ich, dass ich nach den anstrengenden und unruhigen Monaten seit der Trennung ein paar Gänge zurückschalten und zur Ruhe kommen muss. Mir ist klar, dass es nicht klug ist, die eigenen Batterien erst dann aufzuladen, wenn sie so gut wie leer sind; das sollte vorher passieren.

Einen Raum für die tiefere Erkenntnis in mir zu öffnen, ist ein weiteres Anliegen, das mich an die Nordsee geführt hat. Dieser Erkenntnisgewinn ist jedoch keine Willenssache, wie ich in den kommenden Tagen noch feststellen werde.

Die ersten Stunden des Retreats gestalten sich angenehm. Ich kann ganz bei mir sein, muss mit niemandem reden, nicht erklären, warum ich hier bin oder was ich von dem Retreat erwarte. Eine Wohltat! Auch beim Abendessen herrscht Ruhe, nur das Geklapper von Tellern und Besteck sowie die Schritte der Gäste sind zu hören. So kann ich für mich und bei mir bleiben. Wunderbar!

Während ich die Gabel weglege und beim Aufstehen den Stuhl zurückschiebe, schaltet sich mein Verstand ein: »Merkwürdig. Es ist fester Bestandteil deines Jobs, dass du auf Führungskräfteveranstaltungen oder Wirtschaftskongressen Vorträge hältst. Du bist ein offener Mensch, der den Kontakt mit anderen Menschen sucht. Warum empfindest du das Schweigen und das Ganz-für-dich-Sein als so wohltuend?«

Ich hätte nicht gedacht, dass mich andere Menschen stressen. Zuvor ist mir das nie aufgefallen.

Als äußerst angenehm empfinde ich, dass ich mir null Komma null Gedanken darum machen muss, was ich anziehe. Morgens steige ich in meine »Uniform« – Yogahose, Sweatshirt und dicke Socken – und lege diese erst wieder ab, wenn ich um 22.00 zu Bett gehe.

Der strukturierte Tagesablauf, die Stille und das lange Sitzen auf dem Meditationskissen fallen mir erstaunlich leicht. Was mir allerdings Probleme macht, ist, in der Meditation loszulassen.

Die Anweisungen, die unser Meditationslehrer gibt, sind

denkbar einfach. Ich sitze in aufrechter Haltung auf dem Kissen, schließe die Augen und richte die Aufmerksamkeit auf das Ausatmen. Das ist keine Atemübung. Ich soll meinen Atem nicht kontrollieren. Es gibt nichts weiter zu tun, als die nächste Ausatmung kommen zu lassen.

Klingt nach der simpelsten Sache der Welt.

Aber spätestens nach dreißig Sekunden fängt mein Geist an, spazieren zu gehen. Minutenlang sind meine Gedanken auf Wanderschaft, bis mir auffällt, dass ich meine Aufmerksamkeit eigentlich auf den Atem richten soll.

Puh, das klingt so einfach. Ist es aber nicht!

In der buddhistischen Lehre spricht man vom *Monkey Mind*. Der Begriff basiert auf der Vorstellung, dass der Geist wie ein Affe ist, der von Gedanke zu Gedanke springt und uns daran hindert, innere Ruhe und Klarheit zu gewinnen. Das beobachte ich auch bei mir: Immer wieder ermahne ich mich, zum Atem zurückzukehren. Zu erkennen, wie wenig Kontrolle ich über meinen Geist habe, ist eine demütigende und zugleich wichtige Erfahrung.

In mir regt sich die innere Kritikerin. Ich sitze auf meinem Kissen und habe das Gefühl, im »Test« nicht so gut abzuschneiden, wie es mein Anspruch wäre. Gleichzeitig weiß ich aber, dass das totaler Quatsch ist. Es geht nicht um irgendeinen Test, der mit Bestnote zu bestehen ist. Es geht darum loszulassen. Ganz im gegenwärtigen Moment zu sein und den Geist immer wieder heimzubringen, ist das Ziel.

Das ist mir klar – in der Theorie.

Um ganz praktisch dorthin zu gelangen, braucht es aber Geduld mit mir selbst. Die Worte der Yogalehrerin auf Bali, wo ich Ende des vergangenen Jahres einen ganzen Monat verbracht habe, kommen mir wieder in den Sinn: einfach sein. Nicht bewerten. Das versuche ich zu praktizieren. Immer dann, wenn es mir nicht gelingt, bei meiner Atemwahrnehmung zu bleiben, und ich abschweife, hole ich mich zurück. Aber nicht mehr wertend und anklagend, sondern liebevoll. Das zeigt Wirkung.

Am Nachmittag des vierten Tages merke ich, dass sich etwas verändert. Kurz nach dem Beginn der Meditation denke ich an nichts mehr. Kein Kopfkino mehr, kein ständiges Nachdenken über meine Rückenschmerzen, die sich am zweiten Tag einstellten, die ich jedoch lindern kann, indem ich mich mit dem Rücken an die Wand lehne. Jetzt ist in mir nur noch ... Leere.

Shunyata – der Begriff stammt aus dem Buddhismus und bedeutet Leerheit. Das klingt für westliche Ohren nach einem wenig erstrebenswerten Zustand. Ein leeres Zimmer, eine leere Brieftasche, ein leeres Herz. Was soll daran gut sein?

Wenn Shunyata durch diese kulturelle Brille betrachtet wird, ist es ein Missverständnis! Denn Shunyata meint, leer von Vorstellungen zu sein. Leer von Gedanken. Leer von beschränkenden Wahrnehmungen. Wenn du dich ganz leer machst, wenn du ganz in Shunyata, also in die Leere eingehst, dann kann deine wahre Natur aufleuchten.

Shunyata meint, leer von allen Vorstellungen zu sein. Leer von allen Gedanken, leer von allen beschränkenden Wahrnehmungen.

Und genau dieses Gefühl stellt sich bei mir ein. Ich bin leer von Gedanken, leer von Wahrnehmungen.

Dann passiert etwas, das ich nur schwer in Worte fassen kann ... Es ist, als wäre ich in eine tiefe Höhle meines Selbst gefallen. Ich bin in einem anderen, tieferen Bewusstseinszustand, und es tauchen in kurzer Abfolge vier sehr plastische Szenen auf, die nacheinander wie Kurzfilme laufen – mit mir als handelnde Person. Gleichzeitig bin ich in der Beobachterinnenrolle. Ich schaue auf diese vier kurzen Sequenzen aus meinem Leben, in denen Zukünftiges vorweggenommen wird. So etwas habe ich noch nie erlebt! Das gerade Erlebte schwirrt mir später beim Spaziergang auf dem Deich noch lange im Kopf herum.

Am nächsten Morgen bei der Frühmeditation gelingt es mir sehr schnell loszulassen. Anders als an den vorangegangenen Tagen trete ich recht schnell in den stillen inneren Raum ein. In mir ist es ganz ruhig, und ich spüre so etwas wie tiefen Frieden. Dieses Gefühl hat etwas Magnetisches. Meine Innenwelt und auch die Außenwelt sind plötzlich viel langsamer und ruhiger. Als ich vom Meditationsraum in mein Zimmer zurückgehe, bin ich nicht in meiner üblichen hohen Geschwindigkeit unterwegs, sondern setze ganz bewusst einen Fuß vor den anderen. Ich bin vollkommen im Hier und Jetzt, es fühlt sich an wie ein fantastischer Flow.

Als ich nach der Frühmeditation den Kitesurfern zusehe, die in der Bucht vor dem Hotel unterwegs sind, kommt es mir vor, als hätten sich die Farben, Gerüche und Geräusche intensiviert. Ich *fühle* den Wind in meinem Gesicht. Ich *rieche* die salzige Meeresluft. Ich *höre* den heiseren Ruf der Möwen. Ich *spüre* die Kühle der Luft, in der dennoch die Kraft des Sommers liegt. Es ist ein Zustand ruhigen und tiefen Seins.

Atemlos durch den Tag

Ein solcher Zustand ruhigen Seins besitzt Ausnahmecharakter in unserer Welt des überspannten Sofortismus. Die Zeitspanne zwischen einem Reiz und seiner Befriedigung hat sich heute auf einen Tastendruck verkleinert – der einzige akzeptable Zeitrahmen lautet: sofort. Ständig plingt und vibriert es irgendwo. Menschen kleben an ihren Screens – beim Stehen, beim Gehen – und tippen, swipen, scrollen, aktualisieren nonstop.

Im beruflichen Kontext regiert das Diktat der ständigen Erreichbarkeit. Permanentes Hetzen von Termin zu Termin und hochtouriges Rotieren im Hamsterrad kennzeichnen die (Arbeits-)Welt. Alles ist nur noch dringlich, kaum mehr etwas wichtig. Oder es ist beides zugleich. Unsere atemlose Welt ist voller Geräusche, die eine gigantische Ablenkungskulisse bilden. In der Stille und ganz bei sich zu sein, hat absoluten Seltenheitswert.

Das Essen wird beiläufig reingeschlungen, während auf dem Handy herumgetippt wird. In den Ferien hängt man gedanklich noch bei der Arbeit fest. Im Gespräch mit dem Partner oder den Kindern ist man nie ganz da. Selbst in der Yogastunde, die doch eigentlich dazu dienen soll, endlich mal »runterzukommen«, kreist das Denken um die letzte E-Mail, die so ärgerlich war. In diesem Sinne sind wir überall – nur nicht »bei uns selbst zu Hause«. Und es muss vor allem schnell gehen! Schnell das nächste Meeting abhaken. Schnell das überquellende Mailpostfach abarbeiten. All das füllt uns – aber es erfüllt uns nicht.

Wenn wir auf unser Leben zurückblicken, dann wird das Bedauern nicht darin liegen, Mails nicht schnell genug beantwortet zu haben. Der wirkliche Verlust besteht darin, im Leben des Partners und der Kinder nicht wirklich präsent gewesen zu sein. Den Warnsignalen des Körpers nicht genug Aufmerksamkeit geschenkt zu haben. Nie wirklich in sich selbst zu Hause gewesen zu sein.

Der Moment, in dem wir uns entscheiden, die Sinnhaftigkeit dieser Entwicklung zu hinterfragen und regelmäßig in die Stille zu gehen, verändert alles. Vor uns liegt dann ein Ozean an Möglichkeiten. Eine regelmäßige, am besten tägliche Meditations- und Achtsamkeitspraxis in den Alltag zu integrieren hilft, einen ruhigen Geist zu kultivieren, der nicht abdriftet. Durch die Meditation habe ich gelernt, klarer zu erkennen, was in meinen Gedanken vorgeht, und bewusster durch mein Leben zu gehen.

Meine Meditationslehrerin in Hamburg hat die Sache mal so

auf den Punkt gebracht: »Du sitzt nicht in der Meditation, um eine gute Meditierende zu werden. Du meditierst, um in deinem Leben wacher zu sein.«

MEINE ERKENNTNIS: Zeit für die Meditation einzuplanen, ist essenziell. Ohne Selbstverpflichtung geht es nicht. Wenn Menschen mir sagen, dass Meditation nichts für sie sei, dann ist meine Empfehlung: Geht raus in die Natur! Schaut den Sonnenaufgang oder -untergang an. Lauscht dem Gezwitscher der Vögel. Oder studiert die Tautropfen. In die Stille zu gehen bedeutet nicht zwangsläufig, auf dem Meditationskissen zu sitzen. Es ist vielmehr die Selbstverpflichtung, eine bestimmte Zeitspanne pro Tag nur mit uns selbst zu verbringen.

Stille statt Bullshit – das ist eine echte Superkraft.

Je mehr dauergehetzte Atemlosigkeit unser Leben bestimmt, desto wichtiger ist es, Zeiten der Stille in deinen Alltag einzubauen. Genauso braucht es Arbeitsphasen, in denen wir uns tief und fokussiert auf eine Sache konzentrieren- also das, was Georgetown-Professor Cal Newport *»deep work«* nennt. Wir sollten es nicht zulassen, dass unsere Zeit dafür durch eine Mischung aus Dauerdringlichkeit, Dauererreichbarkeit und ständiger Ablenkung »geschrumpft« wird.

Es geht um die Selbstverpflichtung, eine bestimmte Zeitspanne pro Tag nur mit uns selbst zu verbringen.

Denn wenn du das zulässt, bist du den lieben langen Tag mit *»shallow work«* beschäftigt: Kaum hast du einen Haken auf der To-do-Liste gesetzt, schon kommt der nächste Anruf dazwischen. Oder eine Mail, die ganz dringend um Erstversorgung bettelt. Hier mal gerade dies, dort mal kurz das, und dann mal eben jenes. Und am Abend? Natürlich dieses vollkommen unbefriedigte, ätzende, bohrende Gefühl, den ganzen Tag lang überhaupt nichts geschafft oder erledigt zu haben. Obwohl du von morgens bis abends gerannt bist wie ein Hamster auf Speed.

Das wird immer schlimmer, sofern wir nichts dagegen unternehmen.

Täglicher Rückzug in die Stille ist das, was seit dem Retreat fester Bestandteil meines Alltags ist. Seitdem ich es konsequent umsetze, stelle ich eine Veränderung fest: Auch und gerade dann, wenn es hektisch wird, gelingt es mir, mich von der nervösen Eile nicht komplett einfangen zu lassen, sondern präsent zu sein, innezuhalten und zu spüren, was jetzt gerade richtig oder notwendig ist.

Eine regelmäßige Meditationspraxis schult zudem die wache Selbstbeobachtung. Ich bemerke, dass es mir heute leichter fällt, in die Beobachterinnenrolle zu schlüpfen und meinen Körper, meine Gedanken und meine Gefühle wahrzunehmen. Ich kann Distanz zu meinen eigenen Empfindungen aufbauen und bin nicht mehr gefangen in reaktiven Handlungsmustern.

Was mir zudem immer stärker bewusst wird: Die innere und äußere Welt stehen in enger Verbindung. Nur wenn ich meine innere Welt kenne, kann ich die äußere Welt klarer und vorurteilsfreier wahrnehmen. Ist hingegen die Wahrnehmung der inneren Welt blockiert, kann auch keine Bewusstheit entstehen – weder für mich selbst noch für das, was um mich herum passiert.

Daraus leiten sich zwei fundamentale Einsichten ab:

1. Indem ich Verantwortung für das Maß der Aufgeräumtheit meines Geistes übernehme, kann ich eine bessere Welt erschaffen. Für mich selbst und für mein Umfeld.
2. Ich kann meiner Rolle als Wertschöpferin nur dann gerecht werden, wenn ich an mir arbeite und mir ganz bewusst Zeiten für den Rückzug aus der Alltagshektik nehme!

Meditation wirkt

Einige Monate nach der Auszeit im Upleven spreche ich mit Thomas, einem anderen Teilnehmer. Er arbeitet als Arzt im Krankenhaus und lebt genau wie ich in Hamburg. Thomas hatte sich zum Retreat angemeldet, um mit weniger Druck durch seinen oftmals hektischen Alltag zu gehen.

In der Rückschau decken sich viele unserer Erkenntnisse. Seit dem Retreat meditiert er jeden Tag und empfindet dies als positive Veränderung in seinem Leben. Wir sprechen noch über etwas anderes. Uns beiden ist klar geworden, dass das, was wir bislang für die Realität gehalten haben, nur eine Ebene von vielen ist. Durch die Meditationspraxis haben wir andere Bewusstseinszustände und subtile Energien entdeckt, die uns bis dato in unserer Wahrnehmung überhaupt nicht zugänglich waren. Unser Verstand ist eben nur ein Erkenntnisinstrument, daneben gibt es noch andere Zugänge, die uns zu tieferen Wahrheiten führen.

Unser Fazit: Meditation wirkt.

Natürlich ist Meditation nicht die Universallösung für alle Herausforderungen und Schwierigkeiten des Lebens. Nicht jedes Problem kann wegmeditiert werden. Das ist nicht der Punkt.

Worum es geht, ist, dass eine regelmäßige (!) Meditationspraxis sehr viel bewegen kann. Das unterstreichen auch zahlreiche Studien: Nach acht Wochen täglicher Meditationspraxis sind Veränderungen im Gehirn erkennbar, speziell in den Regionen, die für Gedächtnis, Selbstwahrnehmung, Empathie und Stress zuständig sind. Besonders gut erforscht ist das bei der MBSR-Methode, deren Buchstabenkürzel für *Mindfulness-Based Stress Reduction* steht. Diese Methode, die der Molekularbiologe Jon Kabat-Zinn in den 1970er-Jahren entwickelte, basiert auf traditionellen Meditationsarten, verzichtet jedoch auf den spirituellen Überbau. Untersuchungen zeigen, dass Menschen, die binnen eines Zeitraums von acht Wochen an einem MBSR-Training teilgenommen und danach weiter geübt haben, konzentrierter sind und ihre Gefühle besser kontrollieren können. Zu den weiteren Vorteilen gehören: weniger Stress, verbesserte geistige Klarheit und eine Aktivierung des gesamten Gehirns, die sich förderlich aufs Denken auswirkt. Forschungsteams der Justus-Liebig-Universität Gießen und der Harvard University haben Menschen, die regelmäßig meditieren, mittels Hirnscan untersucht. Sie konnten nachweisen, dass sich Veränderungen in der Hirnstruktur zeigen: Die graue Substanz an der Amygdala, die für die Verarbeitung von Stress und Angst wichtig ist, war geschrumpft. Dafür fanden sie mehr graue Substanz im Hippocampus und in Regionen, die für Selbstwahrnehmung und Mitgefühl zuständig sind.

Ein besserer Draht zu sich selbst und gesteigerte Empathie sind angesichts der Tatsache, dass Maschinen bereits viele menschliche Tätigkeiten übernehmen, von enormer Bedeutung. »Während Maschinen immer besser darin werden, Maschinen zu sein, müssen Menschen immer besser darin werden, menschlicher zu sein. Daher werden menschliches Einfühlungsvermögen, EQ und so weiter für die berufliche Tätigkeit immer wichtiger«, sagt Andrew J. Scott, Professor für Wirtschaftswissenschaften an der London Business School.

»Während Maschinen immer besser darin werden, Maschinen zu sein, müssen Menschen immer besser darin werden, menschlicher zu sein.«
Andrew J. Scott

Auch die KI kann rationale Entscheidungen treffen, die auf Analysen und Berechnungen beruhen. Deshalb ist es so wichtig, die Fähigkeiten sehr viel mehr in den Vordergrund zu rücken, die uns zum jetzigen Zeitpunkt noch von der KI unterscheiden: Empathie, Einfühlungsvermögen, emotionale Intelligenz.

Der Begriff »emotionale Intelligenz«, den der Harvard-Psychologe Daniel Goleman vor rund dreißig Jahren prägte, besagt, dass eine Person zur Selbstreflexion und Selbstkontrolle fähig ist sowie soziale und empathische Kompetenz besitzt. Während die ersten zwei Aspekte wichtig für das Selbstmanagement sind, verbessern die letzteren beiden den Umgang mit anderen Menschen. Wenn also kontemplative Praktiken wie Achtsamkeit und Meditation genau diese Kompetenzen stärken, sollte es für alle, die mit Menschen arbeiten, von größtem Interesse sein, sich damit eingehender zu beschäftigen.

Busy is the new stupid

Meditation und Yoga boomen. Das ist kein Wunder, denn Druck und Anspannung sind die Regel. Insbesondere Menschen, die sich ihrem Beruf intensiv verbunden fühlen wie Top-Manager, Ärzte oder Spitzensportler sind besonders gefährdet. Wer nicht lernt, den Stresspegel runterzufahren und mit den eigenen Kräften zu haushalten, gerät ins Schlingern.

Menschen, die unter ständigem Zeitdruck reagieren müssen, werden zu Getriebenen. Das ist ein echtes Dilemma. Führungskräfte betonen immer wieder, wie wichtig es ist, sich Zeit zu nehmen für das tiefe und fokussierte Nachdenken über Strategie, Innovation und Zukunftsgestaltung. Doch dafür findet sich kaum Zeit. Der Alltag ist geprägt von Zeitdruck und konstanter Busyness. Bill Gates hat das Problem auf den Punkt gebracht: *Busy is the new stupid.* Wer dauergestresst ist und keine Kraft mehr hat für das Möglichkeitsbewusstsein und die Zukunftsgestaltung, hat sich von seiner Rolle als Führungskraft verabschiedet.

Ein Umdenken ist überfällig. Die Vollgas-Mentalität verhindert, neue Ideen zu entwickeln und kluge Antworten zu finden für eine Welt, in der die alten Antworten in vielen Bereichen nicht mehr passen.

Natürlich hat sich das herumgesprochen. Aber was bringt es, alle zwei Jahre eine einwöchige digitale Detox-Kur einzulegen oder ein Buch über die Kraft der Stille zu lesen, wenn man sich jeden Tag im pausenlosen Tun verliert? Frei nach René Descartes: Ich bin beschäftigt, also bin ich.

Die Kunst der Selbstführung liegt darin, sich gerade dann, wenn der Stress am größten ist, ganz bewusst Zeitfenster zu reservieren, um in die Stille zu gehen. Im Zen-Buddhismus gibt es die schöne Redensart: »Meditiere täglich zwanzig Minuten – außer, wenn du sehr beschäftigt bist. Dann meditiere eine Stunde.«

Seit dieses Vorgehen einen festen Platz in meinem Leben bekommen hat, ist etwas Magisches geschehen. Ideen begannen zu strömen – Buchkonzepte, neue Themen, kreative Ideen und vieles mehr. Es war, als würde mein Gehirn auf eine Frequenz umschalten, auf die es zuvor so gut wie nie zugegriffen hatte, und nun diese Ideen wie einen Energiestrom herunterladen.

Mein altes Ich hätte sich in Rekordgeschwindigkeit darangemacht, die Ideen und Inspirationen sofort umzusetzen. Was ich inzwischen gelernt habe: Warten. Stillsitzen. Das, was sich zeigen will, kommen lassen.

Das Stillsitzen und Warten ist keine Zeitverschwendung, sondern notwendig. So wie die Verzögerung erst die Beschleunigung erlebbar macht, so braucht es bewusste Phasen des Nichtstuns für das Tun.

Die Natur ist eine sehr gute Lehrerin. Obstbäume blühen nicht das ganze Jahr. Sie produzieren auch nicht zwölf Monate lang Früchte in der absurden Absicht, produktiver zu sein. Es gibt Zeiten, in denen sich extrem viel tut, also im Frühjahr und Sommer. Dann gibt es den Herbst, wenn die Blätter fallen, und den Winter als Ruhephase.

Auch für uns Menschen gilt: Es gibt Wachstumsphasen, in denen Ideen zur Blüte kommen und reifen. Und es gibt andere Zeiten, in denen wir »Winterruhe« benötigen, um zu absorbieren und zu verarbeiten. Das ist ein notwendiger Schritt, um auf hohem Niveau kreativ und gestalterisch zu sein.

Es ist darum erforderlich, dass wir uns selbst Grenzen setzen und Phasen der Nicht-Erreichbarkeit kultivieren. Um kreativ zu sein – und das ist die Königsdisziplin im 21. Jahrhundert –, brauchen wir einen frischen Geist. Den gibt es nur mit bewusster Entschleunigung.

Nicht trotz, sondern *wegen* des vollen Terminkalenders

Yuval Harari hat eine Sache sicherlich nicht im Überfluss – nämlich Zeit. Der israelische Professor, der als internationaler Star unter den Historikern gilt, lehrt und forscht nicht nur an der Hebräischen Universität Jerusalem, sondern ist auch noch einer der erfolgreichsten Sachbuchautoren der Gegenwart, der Welterfolge wie *Eine kurze Geschichte der Menschheit*, *Homo Deus* und *21 Lektionen für das 21. Jahrhundert* geschrieben hat, die in mehr als fünfzig Sprachen übersetzt wurden. Zudem ist er in den internationalen Medien und auf den Konferenzbühnen dieser Welt ein begehrter Gesprächspartner.

In einem Podcastinterview mit Tim Ferriss spricht er darüber, wie er seine unzähligen Aufgaben und Projekte unter einen Hut bekommt. Ich bin wie elektrisiert, als ich höre, dass er jeden Tag zwei Stunden meditiert und zudem jedes Jahr an einem zweimonatigen Meditations-Retreat teilnimmt. Wie um Himmels willen geht das?

Harari erklärt es so: Meditation praktiziere er nicht trotz seines vollen Terminkalenders – sondern genau deswegen. Er erzählt Ferriss, dass er im Jahr 2000, als er gerade seine Doktorarbeit in Oxford schrieb, mit Meditation in Berührung kam. »Ich war auf der Suche nach dem Sinn des Lebens, habe viele Philosophiebücher gelesen und viel nachgedacht, aber nichts hat wirklich klick gemacht.« Ein Freund habe ihn dazu gedrängt, ein zehntägiges Vipassana-Seminar zu besuchen. Ebenso wie ich bei meinem Retreat im Upleven, ist Harari schockiert, dass es ihm kaum gelingt, seinen Geist zehn Sekunden lang unter Kontrolle zu halten: »Ich dachte, ich wäre ein sehr intelligenter Mensch, sehr klug. Mein Verstand ist mein Werkzeug, aber ich habe absolut keine Kontrolle darüber. Ich gebe ihm diese sehr, sehr einfache Aufgabe, und er schafft es nicht.«

Mit der sehr einfachen Aufgabe ist die Konzentration auf den Atem gemeint. Diese Erkenntnis verbunden mit dem tiefen Eintauchen in die Meditationspraxis verändern Hararis Leben.

Gleiches gilt für mich. Auch mein Leben hat sich grundlegend verändert – obwohl ich nicht wie Harari zwei Stunden pro Tag meditiere, sondern zwei Mal zwanzig Minuten – jeweils am Morgen und am Abend. Nach einigem Ausprobieren verschiedener Meditationstechniken bin ich bei der transzendentalen Meditation (TM) gelandet. Transzendieren lässt sich mit »die höchste menschliche Erfahrung« übersetzen. Sie ist für mich die geeignetste Methode, die einfach zu erlernen und sehr wirksam ist.

Einer der spürbaren Effekte sind mehr innere Ruhe und Gelassenheit. Ich lasse mich nicht mehr so schnell ablenken. Jetzt fällt mir auf, wie mich auch jenseits des Meditationskissens meine Gedanken mal in diese Richtung ziehen, mal in jene. Sobald ich bemerke, dass ich abschweife, hole ich mich zurück. Nicht wertend und anklagend, sondern liebevoll.

Das wird Meta-Aufmerksamkeit genannt – also die Aufmerksamkeit selbst aufmerksam zu betrachten. Meta-Aufmerksamkeit bedeutet, dass ich bemerke, wenn meine Gedanken auf Wanderschaft gehen.

Gelingt es, den Geist darin zu schulen, in längeren Phasen entspannt und aufmerksam zugleich zu sein, kommen wie von selbst zwei wunderbare Zustände zum Vorschein: Ruhe und Klarheit. Ich reagiere nicht mehr automatisch, sondern bin mir bewusst, dass ich die Freiheit habe zu wählen, wie ich auf die Probleme und Herausforderungen des Lebens reagiere.

Natürlich lösen sich die Herausforderungen nicht in Luft auf. Darum geht es auch nicht. Sondern darum, dass wir uns nicht von der Situation mit Haut und Haaren vereinnahmen lassen. Meditation und Achtsamkeitspraktiken schulen den Geist, was dazu führt, dass wir weniger schnell in die Hektik abgleiten. Stattdessen liegt der Fokus auf den so wichtigen Fragen: »Was ist das Problem? Welche Möglichkeiten habe ich, damit umzugehen?«

Diesen Bewusstseinszustand auch außerhalb der Meditation zu erreichen, ist das, was sich als großes Geschenk für mein Leben herauskristallisiert hat. Und es trägt das Potenzial in sich, auch dein Leben grundlegend zu verändern.

Unser Geist ist wie ein aufgewühlter See, so die klassische Analogie. Die aufgewirbelten Ablagerungen lassen das Wasser trübe erscheinen. Erst wenn der See zur Ruhe kommt, sinken die Ablagerungen auf den Grund, und das Wasser erscheint klar. Mit dem geschulten Bewusstsein wird unser Geist so ruhig und klar wie der See.

Eine solche Geisteshaltung erfordert Wachheit – das bedeutet, im Alltag zwischendurch innezuhalten und wahrzunehmen, was wir gerade denken, sagen und tun. Je mehr wir diese wache Achtsamkeit praktizieren, desto weniger taub und blind stolpern wir durchs Leben und desto mehr wird das Wachbleiben, Innehalten und Wahrnehmen zu unserer Lebenshaltung.

Wie auch immer du die Sache angehst, ob als ruhigen Spaziergang in der Natur – ohne dabei zu telefonieren oder einen Podcast zu hören! – oder als transzendentale Meditation, Vipassana-Meditation, Herz-Meditation, Körperscan, Qi Gong, Atemmeditation oder Yogapraxis, als Gehmeditationen im Wald oder Sitzmeditation im ruhigen Zimmer – das bleibt dir überlassen. Was bei dir funktioniert und was nicht, musst du ausprobieren. Es müssen auch keine zwei Stunden täglich sein wie bei Yuval Harari. Für den Anfang wäre eine Viertelstunde pro Tag schon ein gutes Ziel – Steigerungen sind natürlich erwünscht und möglich.

Es gibt für jeden einen passenden, leichten Einstieg und eine alltagsverträgliche Form der Entschleunigung. Aber tu es und bleib dran – jeden Tag!

Meine Erfahrung, die sich durch die regelmäßige Praxis verstärkt hat, ist:

1. Diese Sorte kluge Entschleunigung ist keine *Auszeit* vom Alltag, sondern *Teil* eines vernünftigen Alltags und übrigens auch Arbeitsprozesses.
2. Sie ist keine lästige Unterbrechung der Konzentration, sondern die Grundlage für Konzentration und Fokus.
3. Sie ist kein »nettes Extra«, sondern in ihrer Bedeutung für ein bewusst gelebtes Leben fundamental.

Und das gilt für jeden, für Mitarbeitende wie für die Führungskräfte. Für Lehrer und Schüler. Für Eltern und Kinder. Wir können gar nicht früh genug damit anfangen. Schade nur, dass das von unserem Bildungssystem immer noch zum großen Teil ausgeblendet wird.

Was ist eigentlich Achtsamkeit?

An dieser Stelle bedarf es noch einer Begriffsklärung. Den Begriff der Achtsamkeit oder Achtsamkeitspraxis habe ich schon mehrfach verwendet. Aber was genau ist damit gemeint?

Achtsamkeit bedeutet, die Gegenwart bewusst wahrzunehmen. Eins zu sein mit unserer Erfahrung – also ganz präsent zu sein. Es *wirklich wahrzunehmen*, wenn deine Hand die Türklinke berührt, wenn die Sonne einen warmen Lichtstrahl durch das Fenster auf deinen Schreibtisch wirft, wenn ein Gefühl wie Wut, Angst, Ärger oder Freude in dir hochsteigt.

Jon Kabat-Zinn, von dem zuvor schon im Zusammenhang mit MBSR die Rede war, definiert Achtsamkeit als »auf eine bestimmte Weise aufmerksam zu sein: bewusst, im gegenwärtigen Augenblick und ohne zu urteilen«.

Die folgenden sieben Säulen der Achtsamkeit, von denen Kabat-Zinn spricht, finde ich aufschlussreich. Sie gelten für das Privatleben wie auch für das berufliche Umfeld.

1. **Nicht urteilen**
   »Dieses Essen schmeckt nicht, da ist Koriander dran.«
   »Ich kann heute nicht vor die Tür gehen. Draußen ist es total ungemütlich mit dem Wind und dem Regen!«
   Unser Geist bewertet immer und überall. Er kritisiert, lehnt ab, stimmt zu und ordnet ein. Vielleicht auch jetzt, beim Lesen dieses Buchs: »Da hat sie recht« oder »Nein, da liegt sie völlig daneben«. Wir neigen dazu, das, was unseren bisherigen Erfahrungen nicht entspricht, abzulehnen und dem zuzustimmen, was bisherige Erfahrungen stützen.
   Wer glaubt, die eigenen Gedanken-Urteile spiegelten eine allgemeingültige Wahrheit wider, sitzt einem Irrtum auf, der größer nicht sein könnte. Urteile illustrieren die Per-

spektive der Person, die beurteilt. Du entdeckst also nicht, wie jemand oder etwas wirklich ist – sondern, wie du die Person oder die Situation siehst.

Achtsam durchs Leben zu gehen bedeutet nicht, keine Urteile mehr zu fällen. Das wäre unmöglich. Aber Achtsamkeit lehrt, unsere ständige Tendenz zur Bewertung *wahrzunehmen*. So entsteht eine Wahlmöglichkeit: Glaube ich meiner inneren bewertenden Stimme? Oder erkenne ich: Das ist ein Gedanke. Eine Bewertung. Ein Urteil.

Achtsamkeit lehrt, unsere ständige Tendenz zur Bewertung wahrzunehmen.

Wenn ich mit Achtsamkeit durchs Leben gehe, nehme ich besser wahr, wann ich wieder mal gedanklich in meinen Urteilen feststecke und diese mit der Wirklichkeit verwechsle. Wenn ich Regen als »schlecht« einordne, dann ist das nicht die Wirklichkeit, sondern ein Urteil, das wiederum von meinen vergangenen Erfahrungen und meiner aktuellen Stimmung geprägt ist. Wenn mir Koriander nicht schmeckt, weil ich das Gewürz als »seifig« wahrnehme, ist das meine Bewertung. Das heißt aber nicht, dass das Essen grundsätzlich nicht schmeckt.

2. Geduld

Zack. Zack. Zack.

In unserer High-Speed-Welt ist Ungeduld ein Dauerzustand. Schnell diese oder jene Aufgabe erledigen, damit wir endlich Zeit haben, uns zu entspannen. Ungeduld basiert auf der Überzeugung: Der Moment, so wie er jetzt gerade ist, ist nicht gut genug. Gut genug ist es erst, wenn »es« anders ist oder ich woanders bin.

Die Lektion, die ich erst lernen musste: Geduld ist eine Form der Weisheit. Alles entfaltet sich, wenn der richtige Moment gekommen ist. Geduldig zu sein heißt, über die innere Gelassenheit und die Ausdauer zu verfügen, um die natürliche Entwicklung der Dinge abzuwarten. Das heißt nicht, inaktiv zu sein. Geduld und Aktivität schließen sich nicht gegenseitig aus.

Ich kann aktiv sein und geduldig. Das geht beides. Aktiv zu sein könnte beispielsweise heißen, meinen Beitrag zu leisten, um ein Projekt ins Laufen zu bringen. Dann aber auch geduldig zu sein und zu akzeptieren, dass es dauert, bis bestimmte Meilensteine und Ergebnisse erreicht sind. Geduld heißt anzuerkennen, dass es sinnlos ist, am Gras zu ziehen, damit es schneller wächst. Gleiches gilt für alle Veränderungen – egal ob beruflich oder privat: Sie brauchen ihre Zeit.

3. Anfängergeist

Der Anfängergeist nimmt alles wahr, als wäre es das *erste Mal*: am Schreibtisch sitzen, durch das Fenster die Sonne sehen, das wöchentliche Abstimmungsgespräch mit dem Team führen, Mails beantworten, eine Vertragsverhandlung vorbereiten, die am Nachmittag stattfinden wird.

Einer solchen Haltung zum Leben wohnt eine einzigartige Magie inne, die anerkennt, dass jeder Augenblick neu und frisch ist, dass es ihn noch nie in dieser Form gegeben hat und auch nie wieder geben wird.

Im Japanischen gibt es dafür den Begriff *Shoshin*. *»Sho«* bedeutet so viel wie »erster« und *»Shin«* kann mit »Geist« übersetzt werden. *Shoshin* meint also den »Geist des ersten Mals«.

Der Anfängergeist ermöglicht es, auf jeden Moment mit frischem Blick zu schauen. So erschließt sich ein ganzes Spektrum neuer Möglichkeiten. Der Zen-Meister Shunryū Suzuki beschreibt es so: »Der Anfängergeist hat viele Möglichkeiten, der des Experten nur wenige.«

Ist beispielsweise der erste Gedanke in Bezug auf die Vertragsverhandlung, die am Nachmittag auf der Agenda steht: »Oh nein, nicht schon wieder das Treffen mit den juristischen Erbsenzählern«, dann ist ein frischer und unverstellter Blick unmöglich. Wenn ich mich aber dafür entscheide, den Termin am Nachmittag mit dem Anfängergeist zu betrachten, ermöglicht es mir, meinen urteilenden Geist zu beruhigen und eine offene Haltung zu kultivieren, die auch Gemütszustände wie Abwehr, Genervtheit und Ungeduld freundlich wahrnimmt. Das wiederum erlaubt, im gegenwärtigen Moment offen zu bleiben und vielleicht positiv überrascht zu werden.
Die Kultivierung des Anfängergeistes ist auch der Schlüssel zum Lernen, eines der wichtigsten Skills im 21. Jahrhundert. Diese Haltung setzt Bewusstheit und Wachheit voraus. Das benötigt Übung.

4. Vertrauen

Über Vertrauen lässt sich vieles sagen. Wir sprechen vor allem dann darüber, wenn es fehlt. Dieses Dilemma ist bei Paaren zu besichtigen, im Familienkreis und in Freundschaften.
Auch mit Führungskräften spreche ich darüber: Die schiere Anzahl an »Misstrauensabteilungen« in Unternehmen, deren Daseinszweck es ist, zu überprüfen und zu überwachen, ob Leute sich so verhalten, wie sie es sollen, spricht eine deutliche Sprache. Die Implantation von Kontrollchips scheint nur eine kleine Steigerung dessen zu sein, was in so mancher Organisation übliche Praxis ist. Das Pendel ist zu weit ausgeschlagen.
An dieser Stelle höre ich immer wieder denselben Einwand: »Aber was ist mit denjenigen, die Vertrauen missbrauchen?« Ja, es gibt solche Menschen. Natürlich kannst

du deine Energie auf die Minderheit fokussieren, die sich mit dem Vertrauensvorschuss schwertut. Allerdings gilt, was Ed Catmull, der Mitgründer der Pixar Animation Studios, sagt: »Regeln sind erniedrigend für 95 Prozent der Menschen, die sich ohnehin einwandfrei benehmen. Man sollte keine Regeln erfinden, die nur die anderen 5 Prozent im Zaum halten sollen. Wenn jemand gegen den Common Sense verstößt, sollte man das individuell klären. Das ist mehr Arbeit, aber insgesamt gesünder.«

Es gibt also viele gute Gründe für einen hohen Vertrauensspegel. Je virtueller unsere (Arbeits-)Welt wird, desto wichtiger wird Vertrauen als Leitprinzip. Dabei ist Vertrauen an ein knappes Gut gekoppelt: Selbstvertrauen. Menschen mit niedrigem Selbstvertrauen sehen immer erst das potenzielle Risiko – nicht den Gewinn. Das erlebe ich bei Menschen, die sich mit dem Vertrauen schwertun. Das scheinbar geringere Risiko liegt darin, engmaschig zu kontrollieren. Das macht jedoch unflexibel, erzeugt Kundenablenkungsenergie und tötet Selbstverantwortung, Risikobereitschaft und Initiative der Menschen.

Zielführender ist es, im Vertrauen zuerst einen potenziellen Gewinn zu sehen, dann erst ein Risiko. Das geht Hand in Hand mit der Überzeugung, dass ich – auch wenn etwas nicht wie erwartet funktioniert – damit zurechtkommen werde.

Vertrauen fängt also bei mir selbst an!

5. Nicht erzwingen

Erfolg, Liebe, Freundschaft, Gesundheit, Glück oder Vertrauen – all die Dinge, die wir so gern hätten, haben eine Sache gemeinsam: Sie lassen sich nicht erzwingen!

Tatsächlich verhalten wir uns aber oftmals gegenteilig: Wir versuchen, unsere beruflichen oder privaten Ziele durch massiven Einsatz gleichsam zu »erzwingen«. Der unerwünschte Nebeneffekt: Wir versteifen uns derartig auf ein angestrebtes Ziel, dass ein großer Teil unserer Energie und Gedanken in der krampfhaften Zielerreichung gebunden ist. Flow kann so nicht entstehen. Etwas nicht zu erzwingen, ist daher paradoxerweise eine wichtige Zutat für den Erfolg, weil wir sehr viel besser in der Lage sind, unser volles Potenzial auszuschöpfen und den Fluss der kreativen Energie zu begünstigen.

Hätte ich beispielsweise dieses Buch mit der Absicht geschrieben, dass es ein Bestseller werden muss, und Tag und Nacht daran gearbeitet, damit es passiert, dann wäre das der Versuch, den Erfolg gleichsam zu erzwingen. Achtsam vorzugehen heißt hingegen: Ich gebe all meine Kreativität und Liebe in dieses Projekt. Dann aber lasse ich wieder los und vertraue darauf, dass es das richtige Publikum findet und Menschen im Umgang mit herausfordernden Veränderungen weiterhilft.

Mit anderen Worten: Ich vertraue mir selbst und lasse meine Energie in den gegenwärtigen Moment fließen, so – dass sich mein Potenzial entfalten kann. Wie erkenne ich, ob ich in Verbindung mit meinem Potenzial bin? Ganz einfach! Ich spüre, dass ich »in der Zone« oder »im Flow« bin, und weiß, dass in diesem Moment alles passt. Es passt, weil ich mit mir selbst verbunden bin. Das ist für mich im Schreibprozess sehr stark spürbar. Begriffe, die diese Haltung beschreiben: sich öffnen, es zulassen, sich hingeben – im Vertrauen darauf, dass das Leben für mich arbeitet und nicht gegen mich.

Etwas nicht zu erzwingen, ist der Weg, um Freude an dem zu empfinden, was ich in einem bestimmten Augenblick tue. Im Unterschied zu jemandem, der nicht gegenwärtig ist, sondern mit reiner Willenskraft und starrem Blick die

Dinge vorantreibt, vertraue ich dem Leben. Nicht erzwingen bedeutet jedoch nicht, keine Ziele und Absichten zu haben. Ganz im Gegenteil. Sie sind da, und ich bin mir ihrer bewusst. Aber ich umklammere sie nicht.

6. Loslassen

In Indien werden Affen, die besonders gern Früchte klauen, auf eine besondere Art gefangen. Wer eines dieser äußerst geschickten Tiere fangen will, bohrt ein kleines Loch in eine Kokosnuss, sodass der Affe nur mit Mühe seine Hand hindurchstecken kann. Innen wird die Kokosnuss etwas ausgehöhlt und eine reife Banane darin platziert. Dann wird die Kokosnuss mit einem Draht am Baum festgebunden. Die Affen, die an dem Baum vorbeikommen, riechen natürlich die Frucht. Der gierigste und hungrigste Affe steckt seine Hand in die Öffnung und greift nach der reifen Banane. Wenn er seine Faust darum geschlossen hat und diese zurückzieht, passt sie nicht mehr durch das kleine Loch. Er ist gefangen, wenn er die Frucht nicht loslässt. Würde er hingegen die Faust öffnen, wäre er frei.

Diese kleine Geschichte, die Jon Kabat-Zinn in einem Video erzählt, verdeutlicht eindrucksvoll, worum es beim Loslassen geht. Und genau das fällt vielen Menschen schwer. Wie einer ehemaligen Studienkollegin, die seit fast vier Jahren geschieden ist. Ihr Ex-Mann lebt längst mit einer neuen Partnerin zusammen, aber bei jedem Treffen fällt nach spätestens zehn Minuten sein Name – sie schafft es nicht, sich innerlich von ihm zu lösen. Und darum ist es auch kein Wunder, dass es mit einer neuen Beziehung nicht klappt.

Dinge, Personen oder Situationen loszulassen, ist nicht leicht, weil wir uns zunächst bewusst werden müssen, dass wir an etwas hängen oder es haben wollen. Achtsamkeit ist der Schlüssel dazu. Das habe ich in den Monaten nach der Trennung erfahren: Wenn ich es mir selbst erlaube, Anhaftungen und Vorstellungen loszulassen, dann öffnet sich der Weg zum Neuanfang. Ich bin nicht länger in alten Rollen und Vorstellungen gefangen, sondern kann sehr viel mehr ich selbst sein. Ich kann sehr viel besser erkennen, welcher Weg für mich der richtige ist – und mich dann Schritt für Schritt von dem lösen, was mir diesen Weg versperrt.

7. Akzeptanz

Was ist, ist! Es ändert sich nichts, wenn ich dagegen bin. Das ist der Kern von Akzeptanz. Gegen unveränderliche Tatsachen anzukämpfen, ist nicht nur ermüdend – es ist auch sinnlos!

Dennoch verhalten wir uns oft genau gegenteilig. In Situationen, die uns unangenehm sind, schalten wir sofort auf Widerstand. Aber egal, wie sehr wir uns innerlich sperren, es ändert nichts daran, dass die Situation so ist, wie sie ist.

Dazu mehr im nächsten Kapitel, wenn es um die zweite Superkraft geht: radikale Akzeptanz.

Und nun?

Zu verstehen, was Achtsamkeit bedeutet, ist eine Sache. Ihr auch einen festen Platz im Alltag zu geben, die andere. Um Achtsamkeit im Alltag nicht aus dem Blick zu verlieren, bieten sich zwei Rituale an:

Check-ins und Check-outs für Teams

Im Team könnte es beispielsweise zu einem Ritual werden, jedes Meeting mit einem kurzen Check-in zu beginnen. Ein, zwei oder auch drei Minuten in die Stille gehen – und nicht sofort mit dem ersten Punkt auf der Agenda loslegen! Diese kurzen Minuten sind wertvoll, um eine offene und vertrauensvolle Atmosphäre als Grundlage für den fachlichen Austausch zu schaffen. Es beginnt damit, dass jemand aus der Runde das Check-in kurz anleitet und die Uhr im Blick behält.

Später, wenn das zur Routine geworden ist, braucht es keine Anleitung mehr, sondern nur noch einen Timekeeper. Dann schließen alle die Augen, nehmen einige bewusste Atemzüge und stellen sich die Frage: »Wie geht es mir jetzt gerade in diesem Augenblick? Was ist mir für das Meeting wichtig?« Statt mechanische Antworten abzuspulen wie »Es geht mir gut« oder »Das Meeting soll produktiv sein«, sind die Fragen als Einladung zu verstehen, in sich hinein zuspüren.

Zu meiner großen Freude höre ich häufiger in Gesprächen mit Führungskräften, dass solche Check-ins in immer mehr Organisationen zum festen Bestandteil der Meetingkultur werden – genau wie Check-outs. Damit ist ein kurzes Innehalten am Ende des Meetings gemeint, um es energisch abzuschließen und sich dann auf die nächste Aufgabe zu konzentrieren, ohne dass Reste aus dem letzten Meeting noch in die neue Aufgabe oder das nächste Meeting hinüberwabern.

Check Yourself

Dir deiner inneren Verfasstheit bewusst zu werden, gelingt mit dem Check-Yourself-Ritual. Damit ist ein kurzer Moment des bewussten Innehaltens gemeint und des inneren Verbindens mit dir selbst – eine wirksame Methode, die ich auch anwende.

Und das geht so: So wie wir unser Äußeres im Spiegel checken, habe ich mir angewöhnt, mehrmals am Tag mein Inneres zu »checken«. Mein Auslöser, um das zu tun, ist meine Meditationspraxis am Morgen und am Abend. Bevor ich in die Meditation einsteige, nehme ich mir einen Moment Zeit, um zu erspüren: »Wie geht es mir gerade?« Wenn ich spüre, dass ich ausgeglichen und zufrieden bin, heißt das: Vermutlich sind all meine Bedürfnisse erfüllt.

Wenn ich mich aber gestresst, unruhig oder ärgerlich fühle, dann ist wahrscheinlich genau das Gegenteil der Fall. Ich sehe es als Einladung, mich selbst zu reflektieren und mir Fragen zu stellen wie: »Was ist der Auslöser dafür, dass ich mich heute so gestresst fühle?« Oder: »Warum hat mich dieses Gespräch vorhin so geärgert?«

Es geht nicht darum, sofort eine Antwort auf diese Fragen zu finden im Sinne von »Das ist so, weil …«. Es geht darum, die Wahrnehmung zu schärfen. Viele unserer Reaktionen scheinen automatisch durch andere Menschen oder Umstände ausgelöst zu werden, haben ihren Ursprung aber in uns selbst. Deshalb sollten wir uns einer sehr wichtigen Sache bewusst werden: Was uns widerfährt, können wir oftmals nicht wählen. Wie wir darauf reagieren, schon!

Allerhöchste Zeit also, darüber nachzudenken, welchen Gebrauch wir von der Wahlfreiheit machen wollen!

Es ist wichtig, immer mal wieder stille Momente in den Alltag einzubauen! Mich zu besinnen, während der Tee zieht oder der Kaffee in die Tasse läuft. Nicht gleich aus dem Auto zu stürzen, wenn ich zu einem Termin fahre, sondern mir zwei Minuten zu nehmen, um ruhig zu sitzen, bevor ich die Autotür öffne. Oder ich kann das tun, was eine meiner Freundinnen macht. Ihre Auslöser, um in die Ruhe zu kommen, sind Türen beziehungsweise der damit verbundene Raumwechsel. Wenn sie also von draußen ins Bürogebäude hineingeht, hält sie kurz inne, spürt in sich hinein und stellt

Es geht nicht darum, sofort alles zu ändern. Achtsamkeit ist wie ein Muskel, der sich trainieren lässt.

die Frage: »Wie geht es mir gerade?« Check-Yourself, nachspüren und dann den Meetingraum betreten. Auch wenn sie nach der Arbeit nach Hause kommt, folgt sie diesem Ablauf: Türgriff in der Hand, kurze Pause, Check-in, nachspüren – erst dann öffnet sie die Tür.

Je häufiger ich das praktiziere, desto besser gelingt Achtsamkeit. Wenn ich wahrnehme, dass es mir gerade nicht gut geht, weil mich mein übervoller Terminkalender stresst oder ich eine Traurigkeit in mir spüre oder Leere oder Ärger ... dann kann ich mir die Frage stellen: »Was bräuchte ich jetzt, damit es mir besser geht?« Ich kann auch weiterforschen: »Welches Bedürfnis steht dahinter?«

Vielleicht ist die Antwort sofort da. Zum Beispiel: »Ich würde gerne mal mit jemandem über das reden, was mich so frustriert.« Oder: »Um mich nicht gestresst zu fühlen, brauche ich mehr Zeit für mich. Deshalb beginne ich meinen Arbeitstag ab jetzt mit 90 Minuten Stille. In dieser Zeit schalte ich das Handy aus, stelle das Notebook beiseite und denke tief und ungestört nach.«

Vielleicht dauert es aber auch länger, bis eine Antwort kommt. Auch das ist in Ordnung. Es geht nicht darum, sofort alles zu ändern. Achtsamkeit ist wie ein Muskel, der sich trainieren lässt. Mit der Zeit wird er stärker und hat einen immer positiveren Einfluss auf dein Leben.

Die Kraft der Stille ist die erste der 7 Superkräfte, und sie ist das Fundament für alle anderen. Wenn wir ihr Platz in unserem Leben einräumen, weist sie uns den Weg in unsere Mitte. Sie schärft unseren Geist.

Stille ist sehr viel mehr als die Abwesenheit von Geräuschen. Stille ist ein Zustand des inneren Friedens und der Gelassenheit, der uns Klarheit, Ruhe, Orientierung, Konzentration, Inspiration und neue Lösungswege schenkt.

V.
Superkraft 2: Radikale Akzeptanz

Er war ein Guru, der keiner sein wollte. Dennoch haftete ihm diese Rolle an: Millionen Menschen aus der ganzen Welt lasen seine Bücher und pilgerten zu ihm. Bis zum Ende seines Lebens reiste er um die Welt und sprach vor großen Menschenmengen.

Die Rede ist von Jiddu Krishnamurti, dem großen indischen Philosophen und spirituellen Lehrer, der vom *Time Magazine* zu einem der fünf Heiligen des 20. Jahrhunderts erklärt wurde.

Im Kern seiner Lehre stand die Überzeugung, dass es letztlich in unserer eigenen Verantwortung liegt, wie wir unser Leben gestalten – kein Guru, keine Religion kann das für uns übernehmen. Nichts lag ihm ferner, als mit seiner Lehre etwas vorzuschreiben. Er wollte, dass die Menschen selbst die Wahrheit des Lebens herausfinden.

Doch dann gab es diesen Schlüsselmoment ... Es war im Jahr 1977 während eines Vortrags in Kalifornien: Mitten in seiner Rede hält Krishnamurti plötzlich inne. Beugt sich vor. Und fragt fast verschwörerisch: *»Do you want to know what my secret is?«*

Krishnamurti sprach selten so persönlich, und natürlich war das Publikum in diesem Moment wie elektrisiert. Die Zuhörer lehnten sich erwartungsvoll vor, ihre Ohren spitzten sich, und die Gesichter schauten in stiller Erwartung auf Krishnamurti. Der sagte mit leiser, fast schüchterner Stimme: *»Here is my secret: I don't mind what happens.«* Wie ist das gemeint? Dass wir einem festgelegten Daseinsprogramm ausgeliefert sind, das die Geschicke unseres Lebens lenkt? Der Mensch als Schachfigur des Schicksals?

Nein, das ist nicht damit gemeint!

»I don't mind what happens« bedeutet etwas anderes. Es erkennt an: Was ist, ist!

Es bedeutet, damit aufzuhören, gegen etwas anzukämpfen, das nicht zu ändern ist. Gerade dann, wenn sich eine Situation überhaupt nicht mit den eigenen Vorstellungen, Überzeugungen oder Wünschen deckt, ist diese Haltung nicht nur ungemein befreiend, sondern auch klug. Denn immer dann, wenn ich mich dem widersetze, was ist, nimmt mein Leiden exponentiell zu. Andersherum ausgedrückt: Je mehr ich die Situation – genau so, wie sie ist – akzeptiere, desto freier werde ich von Schmerz und Leiden.

Das ist die Superkraft, die in der Haltung der radikalen Akzeptanz steckt.

Nun hat der Begriff »radikal« kein gutes Image. Als radikal gelten Personen mit extremen Ansichten, die in Dampfwalzenmanier die Meinungen anderer überrollen und nur ihre eigene Vorstellung der Welt gelten lassen – egal, wie traumtänzerisch oder gemeingefährlich diese auch sein mögen.

Der Begriff »radikal« ist aber nicht zwangsläufig negativ; er leitet sich vom lateinischen Wort *»radix«* ab, die Wurzel. Er zeigt somit auf die Essenz einer Sache. Auf das, worum es im Grunde geht – und genau das ist hier gemeint: Radikale Akzeptanz bedeutet zu akzeptieren, was nicht zu ändern ist.

Als ich radikale Akzeptanz als Superkraft in meinem Leben zugelassen habe, war das ein echter Wendepunkt. Anstatt nach meiner Trennung mit der Situation zu hadern, mir tausend Sorgen um meine berufliche und private Zukunft zu machen, vollzog ich einen radikalen Perspektivenwechsel: »Ich akzeptiere die Situation genau so, wie sie ist! Nicht nur halbherzig, sondern zu 100 Prozent!«

Der innere Widerstand gegen etwas, das ich nicht ändern kann, ist das, was enorm viel Kraft kostet. Er entsteht durch mentale Urteile und emotionale Negativität: »Warum muss mir das passieren?« »Das ist so gemein ...« – so beharren wir innerlich darauf, dass die Dinge gefälligst anders sein sollen. Aber egal, wie sehr wir in den Widerstand gehen – das Leben ist voller Situationen, die aus unserer Sicht schieflaufen.

Es ist ein Befreiungsschlag, eine rigide Erwartungshaltung abzulegen, wie eine Situation sein sollte. Indem wir das »So-Sein« des Moments akzeptieren, sind wir frei von innerem Widerstand, der uns nur runterzieht und überhaupt nichts an der Situation ändert. Indem ich kein Urteil fälle und die Gegenwart annehme, so wie sie ist, verlasse ich die Opferrolle.

Radikale Akzeptanz! Anerkennen: Was ist, ist.

Ich kann zwar den Wind nicht bestimmen, aber ich kann die Segel richten!

Damit wir uns nicht missverstehen …

Radikale Akzeptanz ist nicht immer und überall die Lösung. Im Leben gibt es drei Optionen: Ändere das, was dir missfällt! Wenn das nicht möglich ist, verlasse es! Und immer dann, wenn es nicht möglich ist, etwas zu ändern oder eine Situation zu verlassen, bleibt die Wahl, es zu akzeptieren, so wie es jetzt ist.

Schauen wir uns das mal genauer an:

1. **Ändern**
   Wenn ich eine Situation ändern kann, dann sollte ich das tun!
   Wenn ich beispielsweise der Meinung bin, dass bestimmte Aspekte meines Jobs wenig Freude machen, dann sollte ich das ändern. Das bedeutet nicht zwangsläufig, dass ich meinen Job kündigen muss. Die Änderung kann auch darin bestehen, mein Aufgabenspektrum zu verändern. Also Aufgaben zu tauschen. Ich hasse zum Beispiel Projektcontrolling. Als Projektleiterin in der Unternehmensberatung lag das aber in meiner Verantwortung. Es steht jedoch in keinem Gesetz, dass ich diese Arbeit nicht mit jemandem

im Team tauschen kann. Genau das habe ich gemacht. Es gibt Menschen, deren Augen bei Excel-Tabellen leuchten.

2. **Verlassen**
   Nun lässt sich einwenden: Okay, ich habe versucht, die Situation zu verändern, aber es ist mir nicht gelungen. In Ordnung! Wenn es nicht gelingt, die Situation von innen heraus zu verändern, bleibt immer noch die Option, das Spielfeld zu verlassen. Und zwar rechtzeitig. Niemand hat etwas davon, wenn ich in der Duldungsstarre ausharre. Wenn ich beispielsweise feststelle, dass sich mein Job nicht mehr richtig anfühlt und es innerhalb der Organisation keine Möglichkeit gibt, in eine andere Rolle oder einen anderen Bereich zu wechseln, dann ist es an der Zeit, eine Entscheidung zu treffen und mir anderswo ein neues Spielfeld zu suchen. Denn niemandem ist geholfen, wenn ich nur halbherzig dabei bin: Meine Organisation verliert, weil es sich mit Menschen, die nur halbherzig dabei sind, so verhält wie mit faulen Äpfeln in einem Korb. Mein Umfeld und meine Familie verlieren, weil sich meine Unzufriedenheit auch nach Feierabend auswirkt. Ich selbst verliere, weil ich kostbare Lebenszeit vergeude. Es geht also darum, eine Entscheidung zu treffen. Punkt. Kann ich mich mit dem, was ist, doch noch arrangieren? Wenn nicht, dann sollte ich besser gehen.

3. **Akzeptieren**
   Radikale Akzeptanz als Haltung ist immer dann klug, wenn die Situation nicht zu ändern ist oder die Änderung nur mit einem gigantischen Aufwand zu erreichen wäre, der in keinem ausgewogenen Verhältnis mehr zum Ergebnis steht.
   Wenn ich im Stau stehe, stehe ich im Stau. Natürlich

könnte ich aussteigen und die verbleibenden achtzig Kilometer zu Fuß gehen – aber ist das sinnvoll? Wenn ich bei meiner Geldanlage auf eine Aktie gesetzt habe, die seit dem Tag des Kaufs ständig im Wert sinkt, dann sollte ich akzeptieren, dass das ein Fehlinvestment war, und die Aktie abstoßen. Oder mich in Geduld üben und auf eine Trendwende hoffen. Natürlich könnte ich auch bei dem Unternehmen persönlich vorstellig werden und mich beschweren, dass der Vorstand gefälligst bessere Arbeit machen und für die Wertsteigerung meiner Anlage sorgen soll – ob dies aber etwas ändert, ist extrem fraglich.

! **MEINE ERKENNTNIS:** Ändern zu wollen, was nicht änderbar ist, ist das Rezept zum Unglück. Am ehesten begegnet uns das Glück, wenn wir den Veränderungen des Lebens vertrauen und uns auf sie einlassen.

Umgang mit Überraschungen der unangenehmen Art

Das Leben ist ein großer Lehrmeister und versorgt dich permanent mit Möglichkeiten, um die Superkraft der radikalen Akzeptanz zu trainieren!

Die Gelegenheit, genau das zu tun, wurde mir vor einigen Monaten serviert. Es waren Sommerferien und damit Hauptreisezeit. Am Flughafen herrscht das blanke Chaos. Irrsinnig lange Wartezeiten am Sicherheitscheck, verspätete und ausgefallene Flüge, verlorenes Gepäck. Und ich mittendrin.

Ich wollte am Abend nach Wien fliegen, weil ich dort am nächsten Vormittag für einen Keynote-Vortrag gebucht war. Gerade am Flughafen angekommen, kam die Info, dass mein Flug storniert wurde. Die Alternativen: Umbuchung auf einen Flug am kommenden Tag zu einer Zeit, zu der ich eigentlich schon auf der Bühne stehen sollte. Oder die Fahrt mit dem Nachtzug – Reisezeit rund 14 Stunden ab Hamburg, die üblichen Verspätungen nicht eingerechnet.

Was also tun?

Mich aufregen über die Flugstreichung?

Mit dem Kopf gegen die Wand rennen?

Mich vor dem Helpdesk der Fluggesellschaft festkleben als Zeichen meines Protests?

Hätte ich machen können – aber es hätte nichts an der Situation geändert! Zudem gab es zu dieser späten Stunde keinen anderen Flug, auf den ich umbuchen konnte.

Genau das leuchtete einigen Mitpassagieren nicht ein. Ein Mittvierziger, Typ fleischgewordene McKinsey-Studie, schrie seinen Frust laut heraus. Der Ärger hatte derartig Besitz von ihm ergriffen, dass er vor Wut rot anlief.

Früher hätte ich mich von seinem Ärger anstecken lassen, jetzt spürte ich eine innere Ruhe und Klarheit.

Was also konnte ich tun?

Die Situation war nicht zu ändern. Ich war dafür verantwortlich, eine Lösung zu finden. Dies anzuerkennen hat eine geradezu entlarvende Wirkung: Sich darüber aufzuregen, dass der Flughafen ein einziger »Sauladen« ist und bei der Airline nur »Idioten« arbeiten, bedeutet, eine Opferrolle einzunehmen. Es bewirkt nichts, außer, dass du dich darin bestätigt fühlst, dass die Welt schlecht ist. Frei nach dem Motto: Wenn ich schon nicht fliegen kann, will ich wenigstens recht haben!

Nichts ist sinnloser als die Weigerung, die Realität so anzuerkennen, wie sie ist, und stattdessen zu fordern, dass sie gefälligst anders sein sollte!

Das Gegenmittel: radikale Akzeptanz! Solange ich Widerstand gegen die Realität leiste, schränke ich mich selbst ein. Anstatt mit meiner Aufmerksamkeit in der Gegenwart zu bleiben und zu erkennen, was anliegt, schweife ich gedanklich in die Vergangenheit: »Warum nur habe ich diesen bescheuerten Flug gebucht?« Oder in die Zukunft: »Was für ein Sauladen. Na wartet, ihr werdet von mir hören.«

So findet sich keine Lösung, sondern du hältst an deinem Schmerz fest.

Die Lösung in Sachen Anreise zum Vortrag nach Wien lag übrigens nicht in der Umbuchung des Flugs oder in einer Nachtfahrt mit der Bahn, sondern darin, mit dem Veranstalter abzusprechen, dass ich am nächsten Tag per Video zur Konferenz zugeschaltet werden würde.

Nichts ist sinnloser als die Weigerung, die Realität so anzuerkennen, wie sie ist!

Die Flughafengeschichte vermittelt eine wichtige Erkenntnis: Wenn das Leben dich vor Probleme stellt, dann verschwinden sie nicht, indem du in die innere Abwehrhaltung gehst. Und dennoch ist genau das extrem verbreitet: »Warum ist das Leben so gemein? Wenn diese blöden Probleme nur wieder von selbst ganz schnell verschwinden würden, ja dann ... wäre mein Leben sehr viel besser!« Viel Glück bei der Suche nach dem Zauberstab, der das möglich macht.

So gesehen ist es einfach nur klug, die Probleme und unangenehmen Überraschungen, die uns das Leben immer mal wieder vor die Füße wirft, als Einladungen zu betrachten, an der eigenen Haltung zu arbeiten.

»Probleme sind die Geschenke, die uns dazu bringen, herauszufinden, wer wir sind, wofür wir geschaffen sind und was wir dem Leben zurückgeben sollen«, sagt Tony Robbins, einer der weltweit bekanntesten Life Coaches. Wir können also, wie Robbins vorschlägt, Hindernisse und Herausforderungen als Hinweise auf schlummerndes Potenzial betrachten, das auf seine Freisetzung wartet. Die Frage lautet also nicht: »Wie kann ich Problemen aus dem Weg gehen?«, sondern: »Wie kann ich sie in inneres Wachstum und Reifung transformieren?«

Die Welt ist im Kopf

»Für sich ist nichts weder gut noch schlecht; das Denken macht es erst dazu.« Diese Zeile aus William Shakespeares Tragödie *Hamlet* bringt es auf den Punkt: Wir nehmen nie die Wirklichkeit an sich wahr, sondern nur unsere subjektive Deutung der Wirklichkeit.

Dein neuer Job ist herausfordernd und bringt eine steile Lernkurve mit sich. Ist das gut oder schlecht? Das entscheidest du! Oder der Umzug in die neue Stadt, wo du eine Wohnung suchen musst, neue Nachbarn, Freunde, einen neuen Sportverein oder neue Möglichkeiten, deinen Hobbys nachzugehen: All das erfordert es, dich anzupassen und mit Herausforderungen umzugehen. Ist das gut? Ist das schlecht? Dein Denken legt das fest.

Unser Denken hat eine enorme Macht: »Ich werde niemals eine schöne und bezahlbare Wohnung finden.« Oder: »Ich weiß jetzt schon, dass der neue Job eine Nummer zu groß für mich ist.« Wer so denkt, für den wird der neue Job tatsächlich eine Nummer zu groß sein. Für den wird sich die Wohnungssuche als Ding der Unmöglichkeit entpuppen. Mark Aurel, der Philosoph auf dem Kaiserthron, hat diesen Zusammenhang treffend beschrieben: »Auf Dauer nimmt die Seele die Farbe meiner Gedanken an.«

Das zu bemerken, erfordert Wachheit. Gegenüber mir selbst. Gegenüber meinen Gedanken.

Alles beginnt mit der inneren Bereitschaft, die volle Verantwortung für dein Erleben zu übernehmen. Dieser Gedanke stößt nicht überall auf Zustimmung. »Wie bitte? Ich soll verantwortlich sein?« Da ist es doch leichter, die alte Leier des »Ich hatte keine Wahl« runterzubeten. Das ist geradezu widersinnig, denn es ist ja keineswegs so, dass eine Situation mich *zwingt*, sie so zu erleben, wie ich sie erlebe.

Zwei Situationen aus dem Alltag zur Illustration dieses Gedankens:

Die erste Situation: Du bist auf der Autobahn unterwegs, der Verkehr läuft flüssig bis auf einen elenden Schleicher, der mit 90 Kilometern pro Stunde auf der mittleren Spur tuckert. Du wirst wütend und lässt deinem Frust freien Lauf: »Wenn jemand so dämlich fährt, dann *muss* ich ja wütend werden!«

Die zweite Situation: Die ultrapenible Kollegin kontrolliert zum wiederholten Mal das Angebot, das ihr gemeinsam für einen Kunden erstellt habt. Deine Reaktion: »Ich krieg die Krise, wenn die wieder mit ihrem Perfektionswahn kommt!«

Menschen sind sehr kreativ, wenn es darum geht, die Verantwortung für das eigene Erleben beim Gegenüber abzuladen: »Du *zwingst* mir diese Gefühle auf!« Oder: »Da *muss* ich ja wütend werden!«

Einspruch! Kann eine Situation mich zwingen, sie auf eine bestimmte Weise zu empfinden? Nein, natürlich nicht!

Der andere verhält sich so, wie es für ihn oder sie sinnvoll ist. Auf der Mittelspur mit 90 Stundenkilometern zu kriechen, ist – aus der Perspektive des Schleichers betrachtet – eine angemessene Geschwindigkeit. Und für die ultrapenible Angebotsprüferin gilt: Das Angebot so lange zu prüfen, bis sie zufrieden ist, ist aus ihrer Perspektive richtig und angemessen.

Für uns selbst und unser eigenes Handeln nehmen wir gern in Anspruch, dass es richtig und sinnhaft ist. Wenn sich jedoch jemand anders verhält, als wir es uns vorstellen, fällt es ziemlich schwer, dem anderen Menschen die Sinnhaftigkeit seines Handelns zuzugestehen.

Die Superkraft der radikalen Akzeptanz setzt voraus, dass wir anerkennen: Menschen verhalten sich nicht immer so, wie wir es gern hätten. Die Frage ist doch: Wer hat damit das Problem? Du oder der andere?

Menschen verhalten sich nicht immer so, wie wir es gern

hätten. Wenn also der Fahrer vor dir mit 90 Stundenkilometern auf der Autobahn schleicht – wer hat damit das Problem? Du oder der Schleicher? Wenn die penible Kollegin das Angebot zwanzig Mal prüft ... wer hat damit das Problem? Du oder die Kollegin?

Du solltest nicht darauf warten, dass der Schleicher oder die überpedantische Kollegin ihr Verhalten ändern, sondern du kannst sofort bei dir selbst beginnen: mit radikaler Akzeptanz.

Ich kann an dieser Stelle schon den gegrummelten Einwand hören: »Alles nur Theorie! Wo kämen wir denn hin, wenn jeder nur noch das macht, was er will – und wie er es will!«

Wir leben in einem Rechtsstaat und müssen uns an Gesetze, Vorschriften und Verordnungen halten. Zum Thema Geschwindigkeit sagt die deutsche Straßenverkehrsordnung: »Ohne triftigen Grund dürfen Kraftfahrzeuge nicht so langsam fahren, dass sie den Verkehrsfluss behindern.« Wäre das der Fall, kann ein Verwarngeld fällig werden. Aber das ist nicht dein Thema! Dein Thema, wenn du es so nennen willst, ist, in die Beobachtungsrolle zu gehen, den in dir aufsteigenden Groll wahrzunehmen und zu erkennen, dass du die Wahl hast: dir von deinem Ärger die Stimmung für die restliche Autofahrt vermiesen zu lassen – oder den Blinker zu setzen und links zu überholen.

Gleiches gilt für den Umgang mit Kitty Kleinlich, der überpedantischen Kollegin. Die zigfache Prüfung eines Angebots ist nicht verboten. Aber vermutlich gibt es eine interne Richtlinie, nach der alles unternehmerische Handeln im Sinne und zum Wohle des Kunden sein sollte. Wenn also durch die Pedanterie verhindert wird, dass der Kunde sein Angebot rechtzeitig erhält, solltest du das ansprechen. Aber nicht als Erziehungsauftrag – verbunden mit der Wertung: »Du bist falsch und dein Verhalten ebenso.« In dieser spezifischen Situation könnte es helfen, die Sachlage zu besprechen: »Das Angebot muss morgen beim Kunden sein. Was ist dein Vorschlag, damit wir das hinbekommen?« Damit gibst du der Kollegin die Möglichkeit, ihr Verhalten zu überdenken und einen Weg zu finden, der für sie taugt und im Sinne des Kunden ist.

Glücksbärchen mit rosaroter Brille

Ich weiß nicht genau, von wem der folgende Satz stammt, verwende ihn aber trotzdem ungeniert: *Happiness is a function of accepting what is.*

Diesen Gedanken zuzulassen, entscheidet über die Freiheit oder die Unfreiheit deines Lebens.

Der Benediktinerpater Anselm Grün beschreibt es so: »Der Mensch zerbricht an einer Krise [...] wenn er an seiner Vorstellung von sich selbst und von seinem Leben festhält. Die Krise ist eine Einladung, die eigene Vorstellung von sich und vom eigenen Leben zerbrechen zu lassen. Wenn Vorstellungen zerbrechen, wird der Mensch selbst nicht daran zerbrechen, sondern wird aufgebrochen für neue Möglichkeiten.«

Den inneren Widerstand gegen den gegenwärtigen Moment aufzugeben – auch wenn er mir nicht zusagt –, ist enorm befreiend.

Das bringt auch meine Erfahrung exakt auf den Punkt. Nach meiner Trennung war das Zerbrechen meiner alten Vorstellungen und Gewissheiten gleichzeitig ein Aufbrechen neuer Möglichkeiten und ein Gewinn neuer Klarheit: Ich wusste, dass ich um meiner selbst willen mentale Widerstandskräfte entwickeln musste. Radikale Akzeptanz verbunden mit dem Bewusstsein der Wahlfreiheit waren die Antwort.

Je mehr diese Superkraft einen festen Platz in meinem Leben einnahm, desto mehr wuchs meine Erkenntnis, dass ich mich auf mich selbst verlassen kann und darauf, dass ich in der Lage bin, innere Gelassenheit zu bewahren – auch und gerade in Situationen, von denen ich zuvor dachte, dass sie nur schwer zu ertragen sind.

Eckhart Tolle, einer der bekanntesten spirituellen Lehrer der Gegenwart, bringt es auf den Punkt: »Was immer der gegenwärtige Moment enthält, nimm es an, als hättest du es selber so gewählt. Mache den Moment zu deinem Freund und Verbündeten, nicht zu deinem Feind. Das wird auf wundersame Weise dein gesamtes Leben verwandeln.«

Das hat nichts mit Schönreden oder rosarotem Umfärben von Problemen zu tun. Menschen, die als Glücksbärchen das Leben permanent durch die rosarote Brille betrachten, sind hier ausdrücklich nicht gemeint. Es geht vielmehr um die innere Haltung und das Anerkennen, dass nicht die äußeren Rahmenbedingungen verantwortlich sind für dein und mein Glück, sondern in weit höherem Maße unsere innere Einstellung.

Diese Haltung gegenüber dem Leben einzunehmen, ist enorm kraftvoll. Sie führt dich in einen ruhigeren, klareren Geisteszustand. Und dann passiert etwas Erstaunliches: Probleme, Hindernisse und Stolpersteine im Privaten wie auch im Beruflichen werden zu einem hervorragenden Trainingsfeld. Anstatt inneren Widerstand gegen etwas zu leisten, das nicht zu ändern ist, mache ich das Hier und Jetzt mit all seinen Herausforderungen zu meinem Freund und Verbündeten.

Für mich war es ein Wendepunkt in meinem Leben, als ich mich entschlossen habe, Ja zum gegenwärtigen Moment in all seinen Facetten zu sagen. Den inneren Widerstand gegen den gegenwärtigen Moment aufzugeben – auch wenn er mir nicht zusagt –, ist enorm befreiend.

Ein glückliches Leben bedeutet nicht nur, das zu bekommen, was du willst, sondern auch, das zu wollen, was du bekommst.

VI.
Superkraft 3:
Eigenmacht

Es gibt für mich drei Arten von Büchern. Erstens die, bei denen ich ein paar Seiten lese und feststelle, dass Inhalt, Machart oder Schreibstil mir nicht zusagen. Diese Bücher stelle ich ins Büchertauschregal in meinem Sportclub. Vielleicht findet sich jemand, der daran Freude hat. Zweitens gibt es die Bücher, die ich bis zum Ende lese und dabei im Text die Passagen, die mir wichtig sind, mit dem Leuchtstift markiere. Die bekommen einen Platz in meinem Bücherregal im Arbeitszimmer. Und dann gibt es noch die dritte Kategorie: Bücher wie Diamanten, weil sie rar sind und eine große Strahlkraft besitzen. Sie eröffnen mir eine neue Perspektive oder formen meine Einstellung in wichtigen Fragen des Lebens. Diese Bücher bekommen einen Platz auf meinem Nachttisch. Ich nehme sie immer mal wieder zur Hand, um einzelne Passagen oder ganze Kapitel nachzulesen.

Eines dieser seltenen und kostbaren Bücher, das einen Platz auf meinem Nachttisch hat, ist ein Werk, über das die *New York Times* geschrieben hat: »Ein wichtigeres Buch für die heutige Zeit kann man sich kaum vorstellen.« Die Rede ist von *In der Hölle tanzen* (Originaltitel: *The Choice – Embrace the Possible*), das die renommierte Psychologin Edith Eva Eger geschrieben hat – und zwar im stolzen Alter von neunzig Jahren. Es war übrigens ihr erstes Buch.

Was das Buch so außergewöhnlich macht, ist Egers Lebensgeschichte: Sie ist Auschwitz-Überlebende und bis heute – im Alter von 96 Jahren – als Therapeutin tätig. *In der Hölle tanzen* hat mich zutiefst berührt und verstehen lassen, dass Heilung nur gelingen kann, wenn wir es zulassen.

Edith war 16 Jahre alt, als ihre Familie 1944 aus ihrem Zuhause in Ungarn verschleppt und nach Auschwitz gebracht wurde. Ihre Eltern wurden vergast. Es ist ein absolutes Wunder, dass Edith diese Hölle überlebt hat. Gleichzeitig ist *In der Hölle tanzen* ein unglaublich lebensbejahendes Buch einer außergewöhnlichen Frau, die sich nach der Befreiung aus dem Konzentrationslager ein neues Leben in den USA aufbaute. Ebenso wie bei Viktor Frankl, mit dem sie befreundet war und den sie als ihren Mentor bezeichnete, ist der Kern ihrer Lehre, dass die letzte der menschlichen Freiheiten in der Wahl der Einstellung zu den Dingen besteht. Diese Erkenntnis hat Egers Leben verändert.

Damit ist wahrlich keine Umfärbung des unvorstellbaren Grauens gemeint, das sie erlitten hat. »Nichts und niemand«, schreibt sie, »wird mir jemals den Verlust meiner Eltern und meiner Kindheit ersetzen.« Gleichzeitig ist sie sich bewusst, dass nur sie selbst darüber entscheidet, wie sehr die grauenvollen Erfahrungen der Vergangenheit ihr Leben auch weiterhin dominieren. Das ist gemeint, wenn sie schreibt: »... niemand ist für meine Freiheit verantwortlich. Nur ich.« Zu dieser Freiheit gehört die bewusste Entscheidung, wie sie mit qualvollen Erfahrungen umgeht.

Und mehr noch, sie sieht einen Sinn in dem Erlebten. »Unsere qualvollen Erfahrungen sind keine Belastung – sie sind ein Geschenk. Sie geben uns Perspektive und Sinn, eine Gelegenheit, unsere individuellen Zielsetzungen und unsere Kraft zu finden.«

Ich musste schwer schlucken, als ich diese beiden Sätze las. Durch die Hölle zu gehen und dennoch darin eine Perspektive zu erkennen – das ist eine menschliche Reife, vor der ich mich tief verneige.

Eine schwer zu schluckende Botschaft

Im letzten Drittel des Buchs schreibt Eger über ihre Arbeit als Therapeutin. Viele ihrer Patienten sind traumatisiert und brauchen professionelle Hilfe. Andere wiederum kommen zu ihr mit Problemen, bei denen mein erster Impuls beim Lesen war: »Echt jetzt, damit geht man zur Therapie?«

Eger argumentiert, dass es für sie keine »Hierarchie des Leidens« gibt. Das hat mich erst überrascht, dann aber überzeugt. Für jeden Menschen, der mit einem Schmerz, einem Problem, einer Krise zu kämpfen hat, ist dieser Kampf real – auch wenn andere möglicherweise denken, diese Erfahrung wäre im Vergleich zu jemandem, der Auschwitz überlebt hat, oder von jemandem, dessen Kind beispielsweise an einer tödlichen Krankheit leidet, trivial.

Das hat mir die Augen geöffnet. Es ist Quatsch, zu einem Freund, der gerade Knall auf Fall gekündigt wurde, zu sagen: »Komm schon, ist doch nicht so schlimm. Stell dir vor, du hättest eine schwere Krankheit.« Es geht nicht darum, Schmerz und Leiden verschiedener Menschen gegeneinander abzuwägen. Das Empfinden ist zutiefst individuell, und deshalb erübrigt sich jede Relativierung.

Worauf es ankommt, ist, wie gestaltungsfähig wir auch in schmerzhaften Krisen bleiben. Darin liegt die Superkraft, die uns Stärke verleiht. Sie anzunehmen ist aber nicht ganz einfach.

Ich behaupte nicht, dass ich mir durch das Anerkennen meiner Eigenmacht alle Probleme dieser Welt vom Hals schaffen kann. Im Gegenteil: Das selbstbestimmte Leben ist anstrengend, das Anerkennen der Eigenmächtigkeit herausfordernd.

Diese Superkraft ins eigene Leben zu lassen, ist ein echter Quantensprung in Sachen Selbstentwicklung. Wir sollten uns keine Illusionen machen: Es kostet Überwindung, das zu tun – und es benötigt wache Selbstbeobachtung, um nicht in die Opferrolle zurückzugleiten.

Das lässt sich am Beispiel Streit illustrieren: Niemand kann mir einen Streit oder einen Konflikt aufzwingen. Wenn ich mich bewusst entscheide, mich *nicht* darauf einzulassen, gibt es keinen Streit.

Die Frage ist also: Gebe ich dem Streithansel Macht über mich? Das muss ich nicht! Ich kann mich dagegen entscheiden. Ich kann sogar die Wut, die in mir hochsteigt, abwählen. Ich kann mich aber auch entscheiden, die Wut hochsteigen zu lassen. So oder so, es ist meine Entscheidung – und nicht ein Automatismus, der von mir Besitz ergreift. Wenn ich mich eigenmächtig fühle, gebe ich niemandem Macht über mich – auch nicht, mich zu ärgern. Das ist ein enorm befreiender Zustand, der wache Selbstbeobachtung erfordert.

Wie gesagt, diese Haltung ist befreiend – aber auch anspruchsvoll. Einfacher, weil es keine Wachheit gegenüber dem Leben erfordert, ist es, andere für mein Erleben verantwortlich zu machen: »Dieser rücksichtslose Vollpfosten macht mich mit seiner Quatscherei irre!« Oder: »Die Nachbarn mit ihrer samstäglichen Rasenmäher-Dauerbeschallung bringen mich auf die Palme.« Oder: »Die blöde Chefin ist schuld, dass es mir nicht gut geht.«

Wenn ich aber von der anderen Seite erwarte, dass sie sich gefälligst ändern soll, damit mein Ärger oder mein Schmerz verfliegt, dann fördert eine solche Haltung vor allem eines: das Gefühl von Ohnmacht und Abhängigkeit.

Deshalb ist es der bessere Weg, bei dir selbst zu beginnen.

Damit tun sich viele schwer. Woher kommt das?

Der Psychologe Jens Corssen erklärt es so: »Alles, was wir erlebt haben, ist in unserem Gehirn [...] gespeichert – besonders die Dinge, die uns als Kleinkinder bedroht oder geängstigt haben, als wir noch ›ohne‹ Macht waren. [...] Während der frühen Kindheit erlebte Ohne-Macht-Situationen werden automatisch, oftmals panikartig wieder ausgelöst, wenn wir uns als Erwachsene einer Situation nicht gewachsen fühlen. Durch die Angstimpulse kommen alte Aufzeichnungen erneut an die

Oberfläche und überschwemmen uns. Wir reagieren dann weit unter unseren Möglichkeiten.«

Wir alle kennen das: beispielsweise in einem Gespräch, in dem sachliche Kritik vorgebracht wird. Was passiert häufig? Anstatt zu sagen: »Okay, ich denke mal drüber nach«, schaltet der oder die Kritisierte sofort auf Gegenangriff: »Schau dich doch mal an! Du bist doch keinen Deut besser!« Oder geht in den Rückzug und verzieht sich in die Schmollecke.

Wer hat eigentlich gesagt, dass wir müssen?

Eigen-Macht ist eine erwachsene Haltung. Erwachsensein heißt, Verantwortung zu übernehmen und nicht darauf zu warten, dass andere mir den Weg bereiten und/oder die Hindernisse aus dem Weg schaffen. Erwachsensein heißt: Ich bin die Schöpferin meines Weges. Ich bin verantwortlich dafür, wie ich mit all den Ärgernissen, Herausforderungen und Querschlägen, die mir widerfahren, umgehe.

Nehmen wir Verluste, Umbrüche und Krisen als Aufforderung zur Weiterentwicklung!

Alles beginnt mit einer bewussten Entscheidung: gegen die Ohn-macht – und für die Eigen-Macht.

Was ich in meiner Krise als Gewissheit spürte, war, dass ich mir ein Versprechen geben musste. Das Selbstversprechen, damit aufzuhören, mit dem Finger auf andere zu zeigen. Kurzum, ich wollte weiser werden. Ich wollte das stärken, was schon immer in mir war, um ein mutiges und erfülltes Leben zu führen.

Rückblickend kann ich sagen, dass mir nichts mehr Kraft gegeben hat als die Entscheidung, mich auf meine Eigenmacht zu besinnen. Was mir dabei sehr geholfen hat, ist dieser Gedanke: *Ich muss gar nichts, ich will.*

Wie dies wirkt, zeigen Formulierungen, die wir alle kennen: »Ich *muss* leider unseren Termin absagen.« Oder: »Sorry, dass ich dich unterbreche, aber ich *muss* das jetzt mal sagen …«

Die Frage, die ich mir selbst angewöhnt habe zu stellen, wenn ich wieder einmal sage, ich müsste etwas: Wer zwingt mich eigentlich?

In den meisten Fällen müssen wir nämlich gar nichts, sondern wir haben uns zu etwas entschieden. Niemand zwingt dich beispielsweise, dein Gegenüber zu unterbrechen – und dennoch sagen viele: »Sorry, ich *muss* dich jetzt mal unterbrechen …« Dabei wäre die nackte Wahrheit: Ich *will* dich unterbrechen, weil ich nicht deiner Meinung bin. Oder weil ich jetzt keinen Bock mehr habe, dir zuzuhören, und auch etwas sagen möchte.

Die Tatsache, dass wir so häufig im Alltag denken, etwas tun zu *müssen*, führt dazu, dass wir diese Haltung auch auf die großen Dinge des Lebens übertragen. Statt »Nein, ich *will* das nicht« zu sagen, denken wir dann: »Ich *muss* es tun …«

Wenn ich darüber in meinen Vorträgen spreche, meldet sich regelmäßig mindestens eine Person zu Wort, die mir widerspricht. »Sie haben gut reden …!«, beginnt dann die Einlassung im anklagenden Ton. Und dann argumentiert der Zwischenrufer, dass das so einfach nicht wäre! Ich solle doch nur mal an die alleinerziehende Reinigungskraft denken. Wenn die zu ihrem Vorgesetzten sagen würde: »Ich will das nicht«, müsste sie sofort mit dem Rausschmiss rechnen, und dann stünde sie da: mittellos, ohne Arbeit und ohne Zukunftsperspektive für sich und ihre Kinder.

So wird mit extremen und existenziellen Situationen argumentiert, um den Gedanken der Eigenmacht auf der Stelle plattzumachen.

Gemeint sind aber nicht existenzielle Fragen, die das Prinzip der Eigenmacht einschränken oder in Einzelfällen auch aushebeln. Wichtig ist zu sehen, was die Argumentation des Zwischenrufers bewirkt: Wird der Verweis auf die mittellose Alleinerziehende zum pauschalen »Totschlagargument«, das es ermöglicht, sich grundsätzlich von der Gültigkeit dieses Prinzips zu verabschieden? Oder dient das Argument als Hinweis, dass es für sehr viele Menschen in sehr vielen Situationen richtig sein kann? Anders gewendet: Stärkt oder schwächt das Gegenargument deine Bereitschaft, dir selbst Eigenmacht zuzugestehen?

Du musst nicht, sondern du hast dich dazu entschieden.

Eigenmacht anzuerkennen heißt, ein gedankenloses »Ich muss« durch ein bewusstes »Ich will!« zu ersetzen. Es bedeutet, die volle Verantwortung für mein Tun und Unterlassen zu übernehmen. Das ist der Zeitpunkt, an dem es unbequem wird. Wer darauf pocht, dass er oder sie *muss*, hat ja quasi keine andere Chance. Jemand oder etwas bestimmt – ich bin es nicht, denn ich *musste* es ja so tun. Ein kommoder Schlupfwinkel, um Verantwortung zu vermeiden. Willkommen im Opferland!

! **MEINE ERKENNTNIS:** Eigenmacht funktioniert nur mit Eigenverantwortung. Die Verantwortung für mich und mein Leben, mein Denken und Handeln zu übernehmen – das ist Erwachsensein.

Ein eigenmächtiges Pilotprojekt

Eigenmacht im Kontext der modernen Arbeitswelt heißt, nicht nachzuplappern, was andere vorgeben, sondern selbst darüber nachzudenken, wie ein Problem angegangen oder eine Aufgabe möglichst klug im Sinne des Kunden erledigt werden könnte, und dann alle Spielräume zu nutzen. Nicht darauf zu warten, dass mir irgendwer haargenau sagt, was und wie ich etwas tun soll, sondern selbst zu handeln und aktiv zur Lösung beizutragen.

Gerade im Zusammenhang mit New Work kann man das nicht oft genug betonen: Die Maxime von New Work lautet nicht: »Ich will viel Freiraum und möglichst wenig Verantwortung«, verbunden mit der Frage »Was kannst du mir bieten?«. New Work ist nicht synonym mit einer Vier-Tage-Woche, kostenlosen Massagen am Arbeitsplatz und unbegrenztem Jahresurlaub. New Work beginnt bei der inneren Haltung der Menschen: Bin ich bereit, mit der gestiegenen Eigenmacht, die sich aus dem Abbau starrer Strukturen und Hierarchien ergibt, verantwortlich umzugehen? Eigenmacht ist kein Synonym für »Ich kann machen, was ich will«. *Eigenmacht* braucht die Bereitschaft zur *Eigenverantwortung*.

Das fällt vielen schwer. Ein Beispiel: In vielen Organisationen höre ich die wiederkehrende Klage, dass ein viel zu großer Teil der Arbeitszeit für internes Geplänkel draufgeht. Und dann kommt der folgende Satz – verbunden mit einem tiefen Seufzer: »Aber so ist das nun mal in einem Konzern, einer Behörde, einem Verband ... (Passendes bitte einfügen).«

Aber wer hat eigentlich gesagt, dass dieser Zustand ein Schicksal ist, das ertragen werden *muss*?

Eigenmacht braucht die Bereitschaft zur Eigenverantwortung.

Mich hat es geradezu elektrisiert, als sich vor einigen Monaten in einer Diskussionsrunde nach einem meiner Vorträge eine Frau zu Wort meldete, die in der Stabsabteilung eines großen Konzerns arbeitet. Zu ihrem Aufgabenspektrum gehört es, wöchentliche Reports für den Vorstand zu erstellen. In ihrem Team waren sich alle einig, dass die Erstellung der wöchentlichen Berichte inklusive der aufwendigen Grafiken extrem viel Zeit kostete, diese »Berichtsorgien« aber möglicherweise nicht so viel zur Wertschöpfung beitrugen.

Anstatt mit den Schultern zu zucken und sich darauf zu berufen, dass man es ja leider tun *müsse*, machte das Team etwas anderes. Es startete *eigen-mächtig* ein Experiment. Das Vorgehen war von maximaler Geradlinigkeit: Die Erstellung der Berichte wurde ausgesetzt. Und dann?

Dann wartete das Team einfach ab, ob die Empfänger in der Top-Etage sich beschweren würden. Punkt.

Wie ging es weiter? Brach das Chaos in der Vorstandsetage aus? Hagelte es wütende Beschwerden? Wurde die Dame, die diese Geschichte erzählte, fristlos entlassen?

Nichts von alledem passierte.

Der große Beschwerdesturm blieb aus. Nach einer Woche wurden gerade mal vier Berichte angefordert – der Rest wurde offensichtlich nicht so dringlich vermisst.

Ich finde: ein sehr cleveres Vorgehen! Und eines, das sehr viel mehr Nachahmer finden sollte.

Das ist Eigenmacht! Nicht die Augen zu rollen und zu sagen »Wir haben keine Wahl, wir müssen die Berichte ja machen«, sondern die Frage zu stellen: »Stimmt das eigentlich?«

Fakt ist: Wir haben die Wahl – viel öfter, als wir es uns selbst zugestehen.

Häufig gibt es an dieser Stelle Widerspruch: Ich könne das ja gut behaupten, denn ich sei ja in der privilegierten Situation, dass ich als Selbstständige entscheiden könne, was ich tue oder lasse. Aber als Angestellte sei das eine ganz andere Sache.

Ist das so?

Geht die Person, die so vehement auf ihre Machtlosigkeit pocht, nicht freiwillig zur Arbeit? Oder wird sie oder er jeden Morgen von einer finsteren Macht dazu gezwungen? Hat sich der selbst ernannte Machtlose nicht irgendwann mal freiwillig für den Job beworben, Bewerbungsgespräche geführt und einen Arbeitsvertrag unterschrieben?

Tatsache ist: Wer sich umentscheiden möchte, kann es tun. Oder ein Experiment machen und eine Aufgabe umdeuten, so wie es das Team in der Stabsabteilung getan hat. Oder kündigen, wenn man total unzufrieden ist und keine Aussicht auf Besserung sieht.

Alles ist möglich! Du musst nur bereit sein, den Preis zu bezahlen.

Da liegt der Hase im Pfeffer: Viele schrecken spätestens dann vor der Eigenmacht zurück, wenn ein Preis fällig wird. Das wird aber so nicht gesagt, stattdessen wird eine Phalanx von Gründen vorgeschoben: »Ich kann nicht wegen der Hypothek fürs Haus, wegen der Kinder, wegen der unsicheren weltpolitischen Lage und so weiter und so fort …«

Um bei dem Beispiel zu bleiben: Natürlich könnte es nach der Kündigung und einer möglichen längeren Suchphase für den neuen Job notwendig sein, den Gürtel enger zu schnallen! Das ist der Preis, der fällig ist. Umgekehrt sollte man aber die Augen nicht davor verschließen, dass beim Verharren im alten Job ebenfalls ein heftiger Preis zu zahlen ist – und zwar fürs Ausharren in einem Job, der nervt und unzufrieden macht.

Sich bewusst zu werden, dass immer ein Preis fällig ist, hat eine entlarvende Wirkung. Wenn ich mich mal wieder beim »Ich *muss* ja dies oder jenes« ertappe, stelle ich die Gegenfrage: »Wer hat gesagt, dass ich muss?«

Und dann formuliere ich es um. Statt »Ich *muss* jetzt gehen«, sage ich: »Ich *will* gehen, damit ich morgen früh ausgeruht bin.«

Müssen in schöner Regelmäßigkeit durch *wollen* zu ersetzen, ist keine semantische Spitzfindigkeit. Wenn ich »ich *muss*« durch »ich *will*« ersetze, erkenne ich an, dass ich die Wahl habe. Das unterscheidet die Selbst-er-mächtiger von den Selbst-entmächtigern. Wir entscheiden, zu welcher Gruppe wir gehören möchten!

Wir alle sind Geschichtenerzähler. Was wir uns selbst erzählen, formt unser Denken. Mit den folgenden drei Überlegungen kommen wir unseren eigenen Geschichten auf die Schliche:

1. **Welche Geschichten erzähle ich mir selbst?**
   Bei anderen Menschen und deren Geschichten sind wir eher skeptisch – nicht aber bei unseren eigenen. Sobald wir entscheiden, dass etwas »wahr« ist, wird alles, was wir erleben, so interpretiert, dass es diese »Wahrheit« unterstützt. Der Physik-Nobelpreisträger Richard P. Feynman warnte davor: *»The first principle is that you must not fool yourself – and you are the easiest person to fool.«*
   Darum sollten wir immer mal wieder im Alltag innehalten und reflektieren, hinterfragen, zweifeln: Müssen wir tatsächlich? Ist das wahr? Diktieren die Umstände unser Handeln oder Unterlassen? Oder läuft da wieder ein Automatismus ab, mit dem die Verantwortung abgeschoben wird?

2. **Was steckt hinter der Geschichte?**
   Ich sollte mir also die Geschichten, die ich mir erzähle, genauer anschauen und zwei Dinge prüfen:
   - Sabotiere ich mich mit dieser Geschichte? Dabei helfen Fragen wie: »Behindert meine Erzählung notwendige Veränderung?«, »Behindert meine Erzählung, dass ich zufrieden bin?« Unsere Selbsterzählungen sind oftmals wenig hilfreich. Sie formen unser Denken, das dann zu einem Bollwerk wird – unabhängig davon, was wirklich möglich ist.
   - Stimmt das wirklich? Um den eigenen Storys und Ausreden auf die Spur zu kommen, hilft es, immer mal wieder innezuhalten und in sich hineinzuhorchen. Was sagt meine innere Stimme? Stimmt sie überhaupt mit meiner Geschichte überein? Wir tragen in uns einen

ziemlich guten Bullshit-Detektor – wenn wir es denn zulassen.

3. **Wie könnte meine neue Geschichte aussehen?**
Die Geschichten, die wir uns selbst erzählen, können wir neu formulieren. Wenn mich meine alte Geschichte nicht stärkt, sondern überfällige Veränderungen verhindert, dann habe ich die Freiheit, daran zu arbeiten. Ich kann mich für eine nützlichere, ermutigendere neue Geschichte entscheiden.

VII.
Superkraft 4: Spiel mit der Ungewissheit

Meterhohe Flammen lodern auf dem knochentrockenen Boden. Das Feuer greift rasend schnell um sich. Mittendrin kämpft eine Gruppe von Feuerwehrleuten gegen eines der größten Buschfeuer in der Geschichte des Bundesstaats Colorado. Mit schwerem Gerät schlagen sie in dem unwegsamen Gelände eine Schneise, um die weitere Ausbreitung zu verhindern.

Plötzlich fegt eine Windbö über die Männer hinweg, das Feuer springt auf die andere Seite der Schneise über. Die Männer sind augenblicklich an drei Seiten von einer Flammenwand umgeben, der Fluchtweg beginnt sich zu schließen.

Den erfahrenen Feuerwehrleuten ist die Lage sofort klar. Sie müssen sich so schnell wie möglich an den Waldrand zurückziehen, bevor das Feuer sie einschließt. Ansonsten haben sie keine Überlebenschance! Ein Wettlauf mit der Zeit beginnt.

Die Untersuchungen dieses Unglücks, das im Jahr 1994 geschah, zeigen, dass die Feuerwehrleute tatsächlich schwer bepackt auf dem Rückzug waren, als sie vom Feuer kurz vor dem Waldrand eingeholt wurden. Beinahe hätten sie es geschafft, aber die schweren Gerätschaften verlangsamten ihre Flucht. Für die meisten Feuerwehrleute ging der Einsatz tödlich aus, vierzehn Menschen starben.

Das Unglück wirft viele Fragen auf: Warum haben sie ihre Gerätschaften nicht abgeworfen und sind um ihr Leben gerannt? Wieso haben sie sogar den Befehl des Einsatzleiters: *Drop your tools!* – Werft die Geräte weg! – ignoriert? Warum haben sie diese Fehlentscheidung getroffen? Was ging im Kopf der Verunglückten vor?

Karl Weick, emeritierter Professor für Organisationspsychologie an der University of Michigan, hat über die Hintergründe dieses Unglücks einen Beitrag für das Fachmagazin *Administrative Science Quarterly* geschrieben. Weick kam in seiner Analyse zu dem Schluss, dass zutiefst menschliche, aber in diesem Fall tödliche Motive die Feuerwehrleute daran hinderten, ihre Werkzeuge loszulassen:

1. **Gelerntes Verhalten:**
   Feuerwehrleute haben in der Ausbildung immer wieder gehört, dass sie auf ihre Ausrüstung achten und sorgsam mit ihren teuren Werkzeugen umgehen sollen. Sie einfach liegen zu lassen, widerspricht dieser Grundregel.

2. **Fehlendes Training:**
   Überlebende des Unglücks berichteten, dass sie zunächst einen Platz gesucht hätten, wo sie ihre Werkzeuge geordnet und womöglich geschützt ablegen konnten. Auf der Suche nach einer geeigneten Lagermöglichkeit verloren sie wertvolle Zeit. Sie hatten keinerlei Erfahrung im Loslassen. Das Wegwerfen erfordert Training, so erstaunlich das klingt.

Die tragische Geschichte des Feuers in Colorado wird zu einer aussagekräftigen Allegorie – denn in unserer heutigen Welt voller Krisen und Ausnahmezustände ist es überlebenswichtig, antrainierte Verhaltensmuster und Werkzeuge, die uns am Weiterkommen hindern, loszulassen. Dazu muss Identitätsstiftendes, Vertrautes, Akzeptiertes, Gewohntes aufgegeben und losgelassen werden.

Alte Verhaltensweisen dürfen nicht den Status der Unberührbarkeit haben. Das gilt für das Privatleben ebenso wie für Wirtschaft, Gesellschaft und Politik. Was uns jedoch am meisten im Weg steht, ist gelerntes Verhalten und fehlendes Training, um in kritischen Situationen verstärkt auf flexiblere Lösungen zu setzen.

Ein zusätzliches Problem ist das Sicherheitsdenken. Vertraute, aber überholte Denk- und Handlungsmuster loszulassen bedeutet eben auch, sich auf die eigene Vulnerabilität einzulassen. Letzteres ist fester Bestandteil des Loslassens, denn wir lassen vertrautes Terrain hinter uns und wissen nicht genau, was uns erwartet.

Wer ins Risiko geht und Unsicherheit zulässt, hat nicht mehr alles unter Kontrolle. Wer alte Sicherheiten aufgibt, weiß nicht, was die Zukunft bringt. Wird es besser? Wird es schlechter? Du weißt es nicht! Gleichzeitig aber gilt: Wer an alten Sicherheiten festklammert, beraubt sich jeglicher Entwicklungsmöglichkeiten und/oder riskiert sogar, alles zu verlieren – wie das Beispiel der Feuerwehrleute in Colorado zeigt.

Das ist ein riesengroßes Thema in den Führungsetagen. Unsicherheiten, Nicht-Planbarkeiten, Querschläge, tief greifende Veränderungen, die quasi aus dem Nichts kommen, wie beispielsweise der Krieg in der Ukraine. Niemand hatte das auf dem Zettel, dennoch muss man damit umgehen. Über Nacht veränderte sich alles: Produktion und Lieferketten wurden gestört. In Sachen Energieversorgung musste radikal umgeschwenkt werden. Produktionsstätten westlicher Unternehmen auf russischem Boden wurden geschlossen – mit großen finanziellen Einbußen. Dazu kommen die enormen Herausforderungen durch die Flucht von Menschen aus Krisengebieten ... diese Aufzählung lässt sich noch beliebig verlängern.

Loszulassen und Nichtwissen zu akzeptieren, sind die Wegmarken von Innovation.

Wie geht man mit diesem Stakkato enorm herausfordernder Probleme um?

An Führungskräfte in Wirtschaft, Politik und öffentlichem Sektor wird der Anspruch gestellt, die »richtigen« Entscheidungen zu treffen. Dieser Anspruch ist jedoch angesichts all der Unsicherheiten, Ungewissheiten und damit verbundenen Unwägbarkeiten nur bedingt erfüllbar. Wenn Probleme und Herausforderungen nicht nur kompliziert, sondern extrem komplex sind mit unzähligen, sich gegenseitig beeinflussenden und teilweise unbekannten Variablen, wissen wir immer häufiger erst im Nachhinein, welcher Schritt der richtige war.

Um es in einem Bild auszudrücken: Die Zukunft ist wie ein großer, dunkler Raum, der vor uns liegt. Wir erkennen nur schemenhaft Dinge und können nicht sicher sein, was wir genau vor uns haben. Wie also gehen wir damit um?

1. **Weg 1:**
   Wir versuchen, alle Eventualitäten einzuschätzen, Szenarien auszumalen, alles möglichst gut zu planen und zu berücksichtigen. Das ist eine Form der Defensive: Wir akzeptieren die prinzipielle Unbeantwortbarkeit der offenen Fragen nicht und arbeiten mit aller Kraft daran, die Ungewissheit mit Planbarkeit einzuhegen.

2. **Weg 2:**
   Wir entwickeln eine Vorstellung, in welche Richtung es gehen soll, und legen los! Wir nutzen die Mittel, die da sind, setzen um, was möglich ist, probieren aus, lernen, adaptieren und improvisieren. Loslaufen und lernen, lernen, lernen! Und sicherlich werden wir dabei auch das ein oder andere Mal stolpern. Dann heißt es: aufstehen und weitermachen!
   Zukunftsfähigkeit bedeutet, sich auf Ungewissheit einzulassen und trotzdem handlungsfähig zu bleiben.
   Die Superkraft, die darin steckt, sich auf die Ungewissheit einzulassen: Angesichts des Nichtwissens und oftmals angstbehafteten Vorantastens verfällst du nicht in »Panik«, sondern setzt einen Fuß vor den anderen und lässt dich auf den Prozess ein. Auch dann ist Ungewissheit immer noch eine Herausforderung – aber eben nicht das

größte anzunehmende Unglück, sondern eine Einladung zur Gestaltung.

Zwei Sorten Risiko

Wenn ich in meinen Vorträgen dafür werbe, sich auf den zweiten Weg einzulassen, höre ich oft den Einwand: »Mag schon sein, aber was ist mit dem Risiko?!«

Sich mit einer groben Vorstellung der Richtung mutig auf den Weg zu machen und ins Risiko zu gehen – das ist für viele eine glatte Zehn auf der Geht-gar-nicht-Skala!

Das ist problematisch, denn so werden jeglicher Mut und jegliche Initiative im Keim erstickt. Wenn Risikovermeidung und Angst, eine Fehlentscheidung zu treffen, wie eine bleischwere Decke über der Organisation liegen, werden sich Menschen nicht auf den zweiten Weg einlassen. Egal, wie sehr auch die Bedeutung von Agilität als Konzept der Zukunft gepriesen wird.

Menschen verhalten sich systemintelligent – sie passen sich an ihr Umfeld an. Wenn die organisatorischen Gegebenheiten so gestrickt sind, dass sie in hohem Maße Risikoaversität und übervorsichtiges Aussitzen fördern, dann passen sich die Menschen an. Wenn die Beförderungsmechanismen diejenigen belohnen, die brav innerhalb der Linien malen, dann verhalten sich die Menschen entsprechend – zumindest die, die in dem Laden Karriere machen wollen. Wer Risikoscheuheit sät, wird Verantwortungsabschieber ernten.

Eine solche Kultur bedeutet Stillstand, gefolgt von Irrelevanz, gefolgt von einem schmerzvollen Niedergang, gefolgt vom Tod.

Ist das nicht ein bisschen drastisch formuliert? Nein, ist es nicht! Die Geschwindigkeit und die Anzahl der Herausforderungen werden sich weiter erhöhen. Wir können davon ausgehen, dass heute der langsamste Tag unseres Lebens ist! Erschwerend kommt hinzu, dass der Wandel diskontinuierlich, abrupt und umsturzartig zuschlägt.

In einer unsicheren Welt bleibt nicht mehr die Zeit, erst einmal einen Arbeitskreis zu gründen, der den Ansprüchen der ausgewogenen Besetzung aller »Betroffenen« gerecht wird, um dann ausführlich darüber zu schwadronieren, was man alles tun könnte, wenn die internen Richtlinien und Regularien nicht im Weg stünden. Das ist insbesondere im öffentlichen Bereich eine große Sache. In der öffentlichen Verwaltung in Deutschland mussten so manche Mitarbeitenden mit Innovationsdrang schon feststellen, dass es einfacher ist, einbeinig einen Marathon zu laufen, als es mit der Bürokratie deutscher Behörden und Ministerien aufzunehmen.

Allerdings wissen wir auch: Wer versucht, alles zu kontrollieren und potenzielle Risiken zu »managen«, läuft geradewegs in ein sehr viel höheres Risiko. Welches das ist, beschreiben die Professoren Peter Dickson und Joseph Giglierano in einem Beitrag für das *Journal of Marketing*. Sie argumentieren, dass wir in einer sich radikal verändernden Welt zwei unterschiedlichen Arten von Risiken ausgesetzt sind:

Das erste Risiko nennen sie das Risiko, *»das Boot zu versenken«*. Das kann passieren, wenn ein Team oder eine gesamte Organisation einen mutigen Schritt wagt, der sich als Fehltritt herausstellt. Mit diesem Risiko umzugehen, darin sind die meisten sehr gut. Für diesen Fall gibt es detaillierte Businesspläne, Szenario-Planungen, Forecasts und Risikoabschätzungen.

Und genau daraus ergibt sich ein zweites Risiko: Viele sind so sehr mit dem Planen, Absichern und Vermeiden von Risiken beschäftigt, dass sie schlicht und ergreifend mutige Schritte in Richtung Zukunft verhindern. Das führt zur Erstarrung, zum

Innovationsstau und dazu, dass diese Organisationen den Anschluss verlieren. Das bezeichnen Dickson und Giglierano als das Risiko, »*das Boot zu verpassen*«.

Ich finde diese Erkenntnis enorm wichtig und augenöffnend. Denn sie macht deutlich, dass eine Strategie, die auf zu starke Risikovermeidung setzt, am Ende keineswegs zu einem niedrigeren Risiko führt, sondern das Risiko nur auf eine andere, sehr gefährliche Ebene verlegt.

Je mehr wir uns darauf konzentrieren, das eigene Boot – sprich die eigene Organisation – durch einen zu legeren Umgang mit dem Risiko zu versenken, desto mehr übersehen wir das Risiko, den Anschluss komplett zu verpassen.

Es geht nicht um ein *Entweder-oder*, sondern um ein *Sowohl-als-auch*: Das neue Boot müssen wir rechtzeitig erwischen, ohne das alte zu versenken! Das heißt: Risiken im Blick behalten – ja, das ist wichtig! Vor lauter Risikomanagement auf der Stelle treten – nein! Das wäre fatal.

Damit das gelingt, braucht es:

1. **Abschied von der Planungsgläubigkeit**
   Herb Kelleher, der Gründer von Southwest Airlines, hat die Problematik mit der Planungsgläubigkeit mal treffend auf den Punkt gebracht: »Die Realität ist chaotisch. Strategische Planung ist geordnet und logisch. Die beiden passen einfach nicht zusammen.«
   Gut im Umgang mit einer chaotischen Realität sind Organisationen, die den »Social Glue« nutzen – also Selberdenkern und Selbstermächtigern den Freiraum und das Vertrauen geben, ihre Spielräume zu gebrauchen. Eine Kultur des »Can Do«, in Verbindung mit starker Teamarbeit, darin liegt die Antwort – und nicht darin, Pläne umzuschreiben und anzupassen!

2. **Die Kultivierung einer gesunden Paranoia**
   Die Gefahr liegt darin, sich zu sehr mit dem zu beschäftigen, was man immer getan hat, und das eigene Geschäftsmodell für unsterblich zu halten. Wer nicht bereit ist, sich selbst zu zerstören – zumindest als gedankliche Übung –, läuft Gefahr, den Anschluss zu verpassen.

»Die Realität ist chaotisch. Strategische Planung ist geordnet und logisch. Die beiden passen einfach nicht zusammen.« Herb Kelleher

Um die gesunde Paranoia zu stärken, gibt es eine augenöffnende Übung, die ich häufiger mit Führungsteams mache. Sie heißt »Kill your company!« und geht so:

Ihr stellt in eurer Organisation ein bunt gemischtes Team zusammen – bereichsübergreifend, funktionsübergreifend und möglichst heterogen. Etwa fünf bis fünfzehn Leute. Sehr viel größer sollte die Gruppe nicht sein – aber eben auch nicht kleiner.

Nun beginnt die Übung: Ihr stellt euch vor, dass ihr der zukünftig wichtigste Wettbewerber eurer Organisation seid. Oder eine neue disruptive Technologie. Oder eine fundamentale Änderung in Form einer Pandemie, einer kriegerischen Auseinandersetzung, eines politischen Umbruchs. Oder was auch immer. Es geht also um »Kräfte«, die eine solche Sprengkraft haben, dass sie eure Organisation vom Spielfeld werfen können. Natürlich kann die Übung genauso gut für einen kleineren Bereich durchgeführt werden – dann heißt sie nicht »Kill your company!«, sondern wenn es um eine bestimmte Abteilung geht: »Kill your department!« Selbst als Übung für die eigene Position kann die Übung hilfreich sein, dann hieße sie »Kill your job!«.

Und dann geht es ans »Eingemachte«: Eine Stunde oder länger wird gebrainstormt, wie sich die eigene Existenz untergraben ließe oder das aktuelle Geschäftsmodell zerstört werden könnte. Gedanklich wird dabei etwa durchgespielt: »Wir sind ein neuer Konkurrent und verkaufen das gleiche Produkt für einen Drittel des Preises.« Oder: »Die Gesetzeslage verändert sich derartig, dass wir mit unserem bisherigen Vorgehen oder Geschäftsmodell nicht mehr weiter bestehen können.« Oder auch: »Das, was bisher Menschen erledigt haben, wird nun in großen Teilen von der KI übernommen.« Anschließend schreiben alle Teilnehmer ihre »Zerstörungsideen« auf ein Whiteboard.

Es geht nicht darum, ob es am Ende wirklich so schlimm kommt oder nur halb so schlimm. Das Ziel ist nicht, eine möglichst genaue Prognose zu entwickeln, was passieren könnte. Es geht darum, den Blick zu öffnen und vom »Schlimmsten« auszugehen und daraus wichtige Schlussfolgerungen abzuleiten.

Das wird eine ziemlich lebhafte Diskussion, das ist sicher!

Im Anschluss wechselt ihr gedanklich wieder zurück auf eure Seite und macht euch klar: »Da draußen gibt es jemanden, der sich genau die Gedanken macht, die wir uns gerade gemacht haben.« Oder: »Da draußen lauert bereits eine disruptive Macht, die so stark werden könnte, dass sie das, was ich oder wir bisher machen, komplett aus den Angeln hebt.«

Und das ist keine Panikmache, sondern gesunder Realismus – oder eben gesunde Paranoia!

Nun gilt es, die gesammelten Erkenntnisse aufzuarbeiten. Beispielsweise könntet ihr die gesammelten Ideen von der kleinsten bis zur größten Bedrohung ordnen. Oder ihr ordnet sie von der am leichtesten zu behebenden bis zur am schwierigsten zu bewältigenden Bedrohung. Das werden in der Regel nicht nur einzelne Punkte, sondern eher Cluster sein.

Dann stellt ihr euch die Frage: Was sind die drei größten und wahrscheinlichsten und darum wichtigsten Bedrohungen? Diese Themenfelder erfordern sofortige Aufmerksamkeit. Sobald es einen Konsens über die wichtigsten Bedrohungen gibt, sammelt ihr so viele Vorschläge wie möglich, was dagegen getan werden könnte.

Der Vorteil daran: Ihr geht vom Schlimmsten aus, noch bevor es überhaupt begonnen hat. Ihr leitet Gegenmaßnahmen ein, noch bevor die Krise eskaliert. Das Team kapituliert nicht vor der Ungewissheit, sondern nimmt die Rolle des Gestalters an. Nun könnt ihr überlegen, wie ihr ins Handeln kommen wollt.

»Kill your company!« oder »Kill your division/department/job« sollte keine einmalige Übung sein, sondern fester und regelmäßiger Bestandteil eurer Agenda.

Macht einen Termin!

Macht die Übung!

Legt los!

Ungewissheit zulassen

Die Übung zeigt, dass Ungewissheit an sich nicht das Problem ist. Das eigentliche Thema ist der angstbehaftete Umgang damit. Angst wird immer dann zum Problem, wenn sie überhandnimmt. Wenn das Denken pausenlos darum kreist, die übelsten Szenarien auszumalen, was alles passieren könnte: dass die künstliche Intelligenz alle Jobs killt. Dass angesichts der kommenden Veränderungen und Umbrüche keine Hoffnung mehr bleibt.

Doch tiefschwarzer Pessimismus ist ebenso fehl am Platz wie übertriebener Optimismus, der mögliche Bedrohungen einfach ausblendet. Was aber ist angesichts einer schwierigen und komplexen Sachlage die richtige Haltung?

Die Lösung liegt in der Superkraft Spiel mit der Ungewissheit. Sich darauf einzulassen, erfordert Überwindung.

Ich entscheide mich für das bewusste Handeln: Das, was ich tue, ist nicht die Reaktion auf äußere Zwänge oder Umstände, die mir keinerlei Alternative gelassen haben. Sondern es ist von mir gewollt. Oder im Kontext der Organisation: Es ist von uns gewollt.

Das ist der Schlüssel.

Wir tun gut daran, ein gewisses Maß an Ungewissheit zuzulassen. Eine Aussage, mit der die meisten einverstanden sind. In der Theorie. Die gelebte Praxis sieht oftmals anders aus. Da gibt es noch einiges zu tun: Statt langatmiger Abstimmungsrunden gilt es, Schnelligkeit zu ermöglichen: Statt nur langwierig zu planen, heißt es testen, testen, testen. Eigenverantwortung fördern, statt auf Befehlsgewalt zu setzen. Und ganz wichtig: sehr viel mehr Flexibilität zulassen. Um nochmals auf die Feuerwehrleute aus Colorado zurückzukommen: nicht nur darüber zu sprechen, dass *»drop your tools«* für den erfolgreichen Umgang mit Überraschungen erforderlich ist, sondern genau das zu trainieren.

Eine der wichtigsten Lektionen aus dem Unglück ist, dass Feuerwehrleute inzwischen in Schulungen trainieren, die Ausrüstung in bestimmten Situationen fortzuwerfen. So können sie erfahren, wie es sich anfühlt, bepackt oder unbepackt zu laufen. Die lebenswichtige Lektion: nichts als gegeben betrachten! Das Überleben hängt von der Fertigkeit ab, die Dinge situativ zu betrachten und ein weites Verhaltensspektrum zu trainieren – inklusive des Fortwerfens der kostspieligen Ausrüstung.

»Jaaaa!«, höre ich jetzt schon so manche Führungskraft ausrufen. »Niemals würde ich meine Leute daran hindern, situativ zu handeln und das zu tun, was notwendig ist, um die Gefahr zu bannen. Genau das erwarte ich!«

Zeit für einen kleinen Test, der zeigt, wie ernst das tatsächlich gemeint ist. Okay, los geht's: ab zu den Mitarbeitenden, in die Fabrikhalle, in die Büros oder per Videocall ins Homeoffice. Stellen wir ihnen ein paar einfache Fragen:

1. Seid ihr trainiert worden, situativ zu denken und zu handeln? Ermöglicht euch das Training, altgediente Vorgehensweisen, Methoden und Werkzeuge beiseitezulegen, wenn es erforderlich ist?
2. Könnt ihr Maßnahmen entwickeln, um mit Unerwartetem umzugehen, ohne an bürokratischen Ärgernissen und/oder sinnlosen Genehmigungsschleifen zu scheitern?
3. Bekommt ihr Anerkennung dafür, wenn ihr den Status quo hinterfragt und Vorschläge macht, wie es besser gelingen könnte, mit dem Unerwarteten umzugehen?

Und?

Wie häufig lautet die Antwort »Ja«?

Wenn nur ein einziges Ja oder zwei zaghafte Jeins unter den Antworten sind, dann dürfte ziemlich klar sein, dass der Slogan *»Fit for Future«* in der betreffenden Organisation eher in Festreden und Unternehmensbroschüren vorkommt.

Organisationen müssen Freiraum für Improvisation lassen und die Menschen trainieren, situativ zu denken und zu handeln: *»Drop your tools!«* An dieser Sollbruchstelle stehen wir gerade. Das Problem sind die alten Denkgewohnheiten. Wenn es uns nicht gelingt, sie aufzubrechen, wird es auch nicht gelingen, den enormen Anforderungen der Gegenwart zu begegnen.

Das Heilmittel liegt im Sich-darauf-Einlassen. So wie wir nicht ständig mit Gummihandschuhen in der Öffentlichkeit herumrennen können, um uns vor Bakterien zu schützen, die auf Türklinken und anderen Oberflächen lauern, können wir auch keinen Ganzkörperschutz über unser Leben ziehen, der uns vor möglichen Gefahren schützt. Sich darauf einlassen – das ist die Medizin. Jede Dosis dieser Medizin stärkt die Widerstandsfähigkeit und macht uns weiter mit der Ungewissheit vertraut. Jedes Experiment wird zum Training für das nächste. Wir lehnen uns in die Unsicherheit hinein, anstatt davor wegzulaufen.

MEINE ERKENNTNIS:

1. Sehr viel mehr experimentelles Testen und Ausprobieren im Leben zuzulassen, ist eine äußerst kluge Strategie.
2. In einer chaotischen Welt ist es einfach nur vernünftig, sich von der Erwartungshaltung, es gäbe einzig richtige Antworten, zu verabschieden und Mehrdeutigkeit zuzulassen.

Auf den ersten Punkt gehe ich im Kapitel über die Superkraft »Experimente« näher ein. Deshalb hier ein paar Gedanken zum zweiten Punkt, warum es uns so schwerfällt, mehrdeutige Antworten zu tolerieren. Es ist für viele eine große Herausforderung, weil sie es nicht gelernt haben. Nicht in der Schule, nicht im Beruf. Deshalb neigen sie dazu, sich an »einzig richtigen« Standpunkten und Mustern festzuklammern.

Allerdings eröffnen sich immer dann neue Lösungshorizonte, wenn wir »einzig richtige« Standpunkte konstruktiv und wertschätzend infrage stellen. Und genau damit kann jeder und jede sofort bei sich selbst anfangen: eine einfache und wirksame Frage, die eine grandiose Therapie in Sachen Toleranz für Mehrdeutigkeit ist:

Wenn zwei Menschen sich widersprechen, ist die Wahrscheinlichkeit groß, dass einer von beiden falschliegt. Was, wenn du es bist?

Ambiguitätstoleranz – die Fähigkeit, nicht schwarz-weiß, sondern bunt zu denken, andere Standpunkte in Betracht zu ziehen und das eigene Denken immer mal wieder zu hinterfragen – wird niemandem in die Wiege gelegt. Aber es ist ein Muskel, der sich trainieren lässt.

Wenn wir biegsam sind, uns aber nicht verbiegen lassen, dann sind wir gut gerüstet für die Zukunft.

VIII.
Superkraft 5: Entschiedenheit

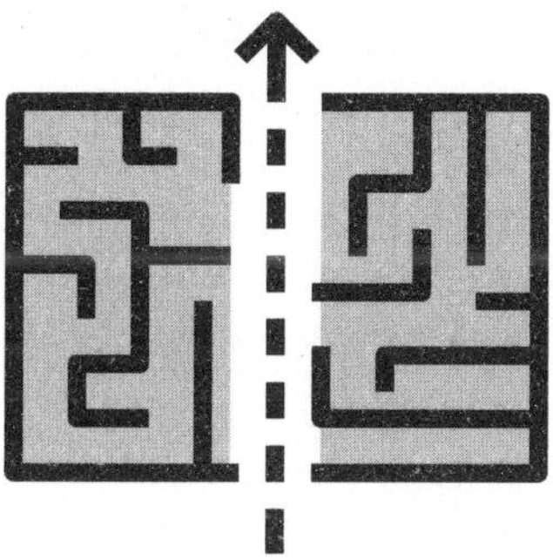

Gabriele ist Inhaberin eines mittelständischen Produktionsbetriebs. Seit Jahren sind wir über LinkedIn vernetzt. Und immer mal wieder meldet sie sich mit Feedback. Das finde ich klasse. Kürzlich erhielt ich wieder eine Nachricht von ihr ... allerdings klang diese eher frustriert.

Gabriele schrieb, dass sie mit ihrem Führungsteam in den vergangenen Monaten mehr Selbstorganisation in allen Bereichen des Betriebs eingeführt habe – in der Beschaffung, der Produktion, im Vertrieb und der Verwaltung. Die Teams können beispielsweise ihre Arbeits- und Urlaubsplanung und weitere Aspekte des täglichen Miteinanders selbst regeln – ohne jemanden vom Leitungsteam einzubinden.

Gabriele war voller Enthusiasmus, als sie mehr Selbstorganisation im Betrieb einführte, und ging davon aus, dass die Mitarbeitenden diesen Schritt freudig begrüßen würden und dass es im Betrieb enorme Kreativität und Energie freisetzen würde.

Und was passierte?

Nichts davon trat ein! Die Atmosphäre war gedrückt, es herrschte Verunsicherung. Statt an Tempo und Dynamik zu gewinnen, verlangsamten und verkomplizierten sich die Prozesse. Gabriele wurde klar, dass Selbstorganisation zwei Voraussetzungen braucht: erstens Führungskräfte, die bereit sind, loszulassen und die Mitarbeitenden ihre eigenen Antworten finden lassen. Und zweitens Mitarbeitende, die bereit sind, mehr Selbstverantwortung anzunehmen.

Fehlt eins von beidem, dann funktioniert es nicht.

Es ist naiv, davon auszugehen, dass neue Strukturen und Prozesse von ganz allein zur dynamischen Selbstorganisation führen. Die Transformation misslingt, wenn sie »aufgedrückt« wird. Die entscheidende Frage ist: Sind die Menschen reif für mehr Selbstorganisation und damit einhergehend mehr Selbstverantwortung?

Die Mitarbeitenden in dem mittelständischen Betrieb, den Gabriele leitet, sind über viele Jahre vollkommen anders sozialisiert worden. Sie waren es nicht gewohnt, die Aspekte des täglichen Miteinanders selbstverantwortlich in die Hand zu nehmen. Und sie waren auch gar nicht mit den notwendigen Informationen und Werkzeugen ausgestattet, um den neu erworbenen Freiraum wirklich nutzen zu können.

Der schöne Traum vom selbstverantwortlichen Leben und Arbeiten hat also zwei menschliche Haken:

1. **Freiheit braucht Reife**
   Reife kann nicht per struktureller Veränderung erzeugt werden. Ohne innere Reife sind viele Menschen den Herausforderungen, die mit einem höheren Maß an Selbstbestimmung einhergehen, nicht gewachsen und verweigern sich sogar.

2. **Freiheit braucht Verantwortung**
   Menschen müssen anerkennen: Ich bin verantwortlich für das, was ich tue und lasse. Das kommt nicht überall gut an. Dann ist es vielleicht doch besser, ich bekomme gesagt, was ich machen soll – und bin in der Konsequenz auch nicht verantwortlich!

Ganz so einfach ist die Sache also nicht.

Viele sind in der Selbstbestimmung ungeübt – manche finden sie sogar mühsam. Bequemer ist es, wenn andere ihnen sagen, wie ihr Leben laufen soll.

Menschen können ihre Sozialisationen nicht über Nacht ablegen. Das heißt aber nicht, dass sie nicht entwicklungsbereit und -fähig sind. Der Reifungsprozess kann aber nicht verordnet werden. Das ist eine schwer zu schluckende Pille für alle, die sich wünschen, Unreife per Seminar abzutrainieren. Wir können nicht einfach Geld und Ressourcen in Trainings stecken, und schon purzeln innerlich reife Persönlichkeiten heraus.

Die Rückkehr zur »alten Welt« der Hierarchien und starren Grenzen ist aber auch keine Lösung. New Work, verstanden als Demokratisierung der Arbeitswelt, ist gekommen, um zu bleiben. Allerdings erfordert es andere Fähigkeiten: sehr viel mehr Flexibilität sowie ein hohes Maß an Eigenverantwortung und die Fähigkeit zur bewussten Grenzziehung.

Das ist gemeint mit der Superkraft der Entschiedenheit.

High-Quality No versus *Low-Quality No*

Durch die Ausweitung der Spielräume bekommt das Entscheidungsverhalten der Menschen eine neue Dringlichkeit. Wir brauchen eine aktivere, selbstverantwortlichere Haltung in allen Fragen des (Arbeits-)Lebens. In einer Welt, in der die alte Ordnung mit ihren klaren Hierarchien, jeder Menge Regeln, Vorgaben, Kontrollmechanismen und Stempeluhren immer weniger funktioniert, ist ein erheblich höheres Maß an Entschiedenheit erforderlich. Je entgrenzter die Arbeitswelt und je überholter die »alte« Präsenzpflicht in vielen Berufen wird, umso wichtiger wird das.

Entschiedenheit versetzt uns in die Lage, die Grenzen des Machbaren klug und eigenverantwortlich einzuschätzen und bewusst zu entscheiden, wann es an der Zeit ist, Nein zu sagen und eine Pause oder Feierabend zu machen – anstatt aufs Klingeln der Büroglocke zu warten. Das hat eine Menge mit einem gesunden Trieb zur Selbstbehauptung und Selbstfürsorge zu tun.

Entschiedenheit bedeutet aber nicht, die eigene Grenzziehung und das damit verbundene Nein mit dem Holzhammer voranzutreiben. Die individuelle Grenzziehung braucht Geschick und gelingt nicht ohne intelligentes (!) Ausloten von Grenzen.

Die Geschichte ist schon ein paar Jahre her, trotzdem erinnere ich mich, als wäre all das gestern geschehen: Ich war damals Managerin in einer großen amerikanischen Unternehmensberatung. Die Geschäftsführung äußerte die Bitte, dass sich die Mitarbeitenden einbringen sollten – mit Ideen, konstruktiver Kritik und Veränderungsvorschlägen. So weit, so gut. Diese Aufforderung wurde von einem jungen Consultant aus Dänemark bereitwillig aufgegriffen.

Er setzte sich an sein Laptop und schrieb eine Mail. Darin skizzierte er, was alles in der Firma nicht gut lief: Nein, er fand es überhaupt nicht gut, dass wichtige Informationen von der Geschäftsleitung nur unzureichend an die Mitarbeitenden weitergegeben würden. Nein, es widerstrebte ihm zutiefst, dass die Kommunikation nur eindimensional lief und er nicht ausreichend Möglichkeiten hatte, zu den Verlautbarungen der Geschäftsführung Stellung zu beziehen. Nein, er fand es blöd, dass es keinen ungefilterten Weg gab, seine Meinung mitzuteilen und Feedback zu geben.

Und dann drückte er auf »Send« und schickte seine Mail an den kompletten Verteiler Nordeuropa, also an alle Mitarbeitenden dieser Region – und das waren einige Zehntausend Personen.

Nun ja, die Entscheidung, es per »Send« an den gesamten Verteiler Nordeuropa zu verschicken, war nicht clever! Es zunächst im kleineren Kreis persönlich zu platzieren, wäre die bessere Wahl gewesen. Aber das ist nicht der Grund, warum ich die Geschichte erzähle. Mir geht es um die Wirkung seines entschiedenen Neins. Diese lässt sich kurz und bündig so zusammenfassen: Sie war gleich null.

Die Mail des jungen Mail-Revoluzzers aus Dänemark sorgte für Kopfschütteln – und das war es dann. Seine Kritik wurde komplett ignoriert. Und das, obwohl er inhaltlich recht hatte.

Sein Vorgehen ist ein Paradebeispiel dafür, wie man es *nicht* machen sollte. Wie es also *nicht* gelingt, in einer Organisation etwas zum Positiven zu verändern. Dass der Mann sich kritische Gedanken zur Kommunikationskultur gemacht hatte, war richtig. Das erfordert Mut und Entschiedenheit. Aber die Umsetzung war nicht klug. Er war genervt, verärgert und ungeduldig. Die Kultur in der Firma sollte sich ändern – und zwar am besten sofort. Aber wer aus der Emotionalität agiert, setzt sich selbst in die Defensive.

Die Unterscheidung liegt in der **Qualität des Neins**.

- Ist es ein *Low-Quality No* oder
- ein *High-Quality No?*

Diese Unterscheidung ist eine gute Orientierungshilfe in Sachen Entschiedenheit.

Low-Quality No bedeutet: Dein Nein speist sich aus einer emotional aufgewühlten Abwehrhaltung. Es ist wie ein wütendes Aufstampfen mit den Füßen. Im Fall des jungen Mannes aus Dänemark war es genau das: Ich ärgere mich! Zack, hier habt ihr meine Analyse aller Missstände! Jetzt seht zu, was ihr damit macht!

Die Antwort der so Gescholtenen ließ nicht lange auf sich warten. Ich formuliere das mal frei: »Danke für deine Mail (okay, ob es diese Höflichkeitsfloskel wirklich gab, vermag ich nicht zu sagen). Wir sehen dich und deine Talente besser auf einem anderen Spielfeld aufgehoben. Hier ist die Tür.«

Anders verhält es sich mit dem **High-Quality No.** Auch hier sage ich Nein, aber ohne jegliche Negativität: »Nein, ich denke, wir können das sehr viel besser machen. Hier sind meine Vorschläge, wie ich es angehen würde.«

Ich sage Nein und liefere Gründe. Ich attackiere nicht. Ich zähle keine Anklagepunkte auf, warum das Unternehmen ein Saftladen ist und die Kultur gefälligst verändert werden muss – und zwar zackig!

Dein Nein ist an dieser Stelle nicht – wie beim Low-Quality No – von Wut und Enttäuschung getriggert, sondern ein ruhiges, kraftvolles, sich aus Überzeugung und Veränderungswillen speisendes Nein.

Trotz des ungeschickten Vorgehens des jungen Dänen finde ich die Haltung richtig. Wenn Missstände da sind, sollten sie adressiert werden.

Häufig ist es die Angst vor Ablehnung, die uns davor zurückschrecken lässt, ein entschiedenes Nein auszusprechen. Genau das lässt viele zögern.

Wie häufig sehen wir jedoch das genaue Gegenteil: »Jemand sollte mal was ändern ... also ich selbst kann ja leider nichts machen.« »Also ich würde schon gerne, aber ... wenn die Strukturen oder die Umstände bloß anders wären ... ja, dann würde ich ...« – erlernte Hilflosigkeit vom Feinsten.

Es braucht Mut und Entschiedenheit, die Hand zu heben und zu sagen: »Nein, Leute, damit bin ich nicht einverstanden, weil ...« Nur geschieht das viel zu selten. Wo also sind die Andersdenker, die sich trauen, Dinge anzusprechen, die sich verändern sollten und mit Vorschlägen kommen, wie es gehen könnte? Wo sind die konstruktiven Rebellinnen, die den Status quo hinterfragen und für den Aufbruch werben? Wo sind die kritischen Geister, die nicht vor engagierten Diskussionen zurückschrecken?

Sie sind wichtig, weil ohne sie die Zukunftsfähigkeit der Organisation leidet. Zukunft und neue Ideen entstehen nicht aus maximal geschmeidiger Anpassung, sondern durch den couragierten Neuentwurf.

Was ich immer wieder höre: »Ja, alles ganz toll. Aber wenn ich das mache, dann mögen mich meine Kollegen nicht mehr.

Vielleicht hat es Auswirkungen auf meine Beförderung. Möglicherweise denkt die Chefin, dass ich nerve.«

Häufig ist es die Angst vor Ablehnung, die uns davor zurückschrecken lässt, ein entschiedenes Nein auszusprechen. Genau das lässt viele zögern.

Wir haben die Wahl: Wir können den reibungsarmen Weg gehen und darüber schwadronieren, wie wir den Laden »umkrempeln« würden, wenn man uns nur ließe. Oder wir können uns selbst ermächtigen und coole Dinge tun. Der Unterschied zwischen diesen beiden Wegen ist wie Tag und Nacht.

Aber es geht eben nicht mit der Brechstange. Wir sollten uns bewusst sein, dass unsere Ressourcen und unsere Energie endlich sind und wir sie deshalb klug und zielgerichtet einsetzen sollten, um die gewünschte Wirkung zu erzielen.

Dafür braucht es Fingerspitzengefühl und Ausdauer.

MEINE ERKENNTNIS: Wage Entschiedenheit und mach dich auf den Weg!
Und ganz wichtig: Sei smart! Halte dich an die Regel, aber nicht an die Konvention!

Die Sache mit der Un-entschiedenheit

Zur Entschiedenheit gehört die Konsequenz. Oder anders ausgedrückt: In der Konsequenz oder der Inkonsequenz deines Handelns liegt der Moment der Wahrheit.

Inkonsequenz rächt sich – und das ziemlich schnell.

Du kennst das – vielleicht auch von dir selbst: Du sagst, die Familie sei das Wichtigste für dich – aber wenn du gefragt wirst, ob du am Abend noch den Projektentwurf durchsehen kannst, sagst du Ja. Und das nicht zum ersten Mal. Deshalb hat es sich eingebürgert, dass man stets dich fragt, ob du nicht mal eben dies oder das übernehmen könntest.

Viele scheuen eine konsequente Grenzziehung im Sinne von »Ja, damit bin ich einverstanden« – oder »Nein, das überschreitet für mich eine rote Linie«, weil sie das mit Härte verwechseln. Das zeigt sich insbesondere in Konfliktsituationen. Statt für sich selbst und die eigenen Werte und Bedürfnisse einzustehen, wird eingelenkt, immer wieder eine Ausnahme gemacht und darauf gesetzt, dass man so den Konflikt vermeidet.

Meine Erfahrung ist, dass der Schmerz dann am kleinsten ist, wenn er sich am Anfang des Konflikts befindet. Es ist besser, früh und konsequent die Weichen zu stellen, als dem Konflikt ausweichen zu wollen und sich auf »faule« Kompromisse einzulassen, deren Konsequenzen du dann bitter bereust. Das gilt für Individuen ebenso wie für Organisationen.

Unentschiedenheit ist wie ein toxisches Gemisch, das schleichend, aber unaufhaltsam die Kultur vergiftet. Das habe ich schon vor langer Zeit im Rahmen eines Praktikums während meines Studiums erlebt.

Auf dem Papier lasen sich die Werte des Unternehmens mit Sitz im Ruhrgebiet richtig gut – da war die Rede von Respekt, Anerkennung und Wertschätzung als den Eckpfeilern der Zusammenarbeit.

Das gefiel mir und führte dazu, dass ich mich um eine Praktikumsstelle bewarb. Dann kam der Moment der Wahrheit: Ich wurde einer Teamleiterin zugeordnet, die sich vollkommen konträr zu den Werten verhielt. Sie war äußerst misstrauisch und agierte respektlos – und zwar nicht nur als Ausreißer oder Einzelding, sondern in schöner Regelmäßigkeit. Kennzeichen der führungstechnischen Grobmotorikerin war der Hang, jeden und jede, die nicht spurte, klein zu machen. Das geschah ebenso erratisch, wie ihre übrigen Entscheidungen getroffen wurden. Sachliche Kritik wurde sofort als Angriff gewertet.

Frau Kontrolletti bestand zudem darauf, dass alles schriftlich und in mindestens doppelter Ausfertigung vorliegen musste. Ihr Motto: Lieber zu viele Kopien als zu wenig. Führungstechnisch und menschlich gesehen, war diese Frau das fleischgewordene Gegenteil der proklamierten Unternehmenswerte.

Und was passierte? Die Führungsspitze reagierte nicht. Das entschiedene »Nein, so läuft das hier nicht« seitens der Unternehmensleitung wurde von selbiger mit dem Hinweis runtergeschluckt, dass sie »ihre Zahlen bringe«. Hinter dem Rücken wurde zwar über sie gemeckert, aber statt Entschiedenheit gab es eine Wischiwaschi-Haltung.

Das ist falsch, falsch und nochmals falsch! Denn wenn die Führungsspitze ein solches Verhalten durchwinkt, findet es Nachahmer und vergiftet die Unternehmenskultur – schleichend und unaufhaltsam.

»Die Kultur einer Organisation wird durch das übelste Verhalten geprägt, das Führungskräfte zu tolerieren bereit sind.«
Steve Gruenert und Todd Whitaker

Meine Entscheidung stand fest: Nicht einmal unter Androhung von Waffengewalt würde ich mich bei diesem Unternehmen nach meinem Studium anstellen lassen. Und jedem, der mich auf mein Praktikum ansprach, schilderte ich meine Erfahrungen. Heute bekommt so etwas noch eine ganz andere Brisanz dank Internet und Bewertungsportalen.

Der größte Fehler des Unternehmens war aus meiner heutigen Sicht die mangelnde Entschiedenheit. Diese hätte bedeutet, den Worten im Mission Statement konsequent Taten folgen zu lassen und zu sagen: »Nein, wir dulden ein solches Verhalten nicht! Entweder du arbeitest an dir, oder es gibt für dich keinen Platz in dieser Organisation.« Punkt.

Aber so läuft das eben häufig nicht. Genau das ist die Falle, in die Organisationen und auch Individuen tappen: Eigentlich wollen wir ein klares Profil entwickeln, Charakter zeigen und unsere Werte leben. Wir wollen es wirklich. Und gleichzeitig versuchen wir, uns irgendwie rauszuwinden.

Aber es ist doch so: Eine Organisation kann nicht glaubwürdig für Respekt, Anerkennung und Wertschätzung stehen, wenn Verhalten, das wiederholt gegen die Werte der Organisation verstößt, mit dem Hinweis auf »aber die Zahlen stimmen ja« durchgewunken wird.

Genauso wenig kannst du ständig Last-Minute-Aufgaben annehmen und gleichzeitig behaupten, die ungestörte Zeit mit der Familie sei dir das Wichtigste.

Das ist Augenwischerei!

Es sind diese Momente der Wahrheit, manchmal nur wenige Sekunden, die zeigen, ob wir tatsächlich für das einstehen, was wir behaupten zu tun und zu wollen.

Warum scheitern wir häufig in diesen Sekunden?

Weil es wehtut und weil wir den Schmerz vermeiden wollen. Weil Entscheidungen, in denen wir Ja zu unseren Werten sagen, immer mit einem Nein verbunden sind:

»Nein, dieses Verhalten tolerieren wir nicht.«

»Nein, in dieser Angelegenheit unterstütze ich dich nicht.«

»Nein, diese Leistung gibt es bei uns nicht kostenlos.«

»Nein, ich arbeite nicht andauernd nach Feierabend.«

Ja, das ist hart. Und es kostet – vielleicht Harmonie, vielleicht Geld, vielleicht Kunden, vielleicht die Trennung von einer Führungskraft, die zwar ihre Quartalszahlen bringt, gleichzeitig aber tiefe Defizite in der Menschenführung zeigt.

Entschiedenheit hat ihren Preis.

Allerdings: Der Preis des Einknickens ist auf Dauer höher.

Denn den bezahlen wir mit Vertrauensverlust. Wer sagt: »Okay, dieses eine Mal machen wir eine Ausnahme«, sollte nicht darauf hoffen, dass es niemand mitbekommt. Die Kollegen, Mitarbeitenden, Kinder oder Kunden werden todsicher davon erfahren. Und eine aufgeweichte Haltung ist keine mehr.

Es zählt nicht, ob wir behaupten, dass uns etwas wichtig ist. Es zählt nicht das, was als schmückende Botschaft auf der Webseite oder in der Unternehmensbroschüre steht.

Das *konkrete* Verhalten entscheidet – *nicht das*, was jemand sagt. Und das schließt nicht nur das ein, was jemand tut, sondern auch, was sie oder er nicht tut.

Everything else is secondary

Das aus Entschiedenheit geborene Ja und Nein hat seinen Preis. So viel ist klar. Gleichzeitig ist es ungeheuer kraftvoll.

Deshalb lohnt es sich, dieser Superkraft einen festen Platz im Leben zu geben.

Jemand, der das mit großer Geradlinigkeit getan hat, war Steve Jobs, der gegenwärtig Lebendigste unter den Toten. Nachzuhören ist das in Jobs' Rede zu Ehren der Stanford-Absolventen im Jahr 2005, die im Internet unter dem Suchbegriff »Steve Jobs Commencement Speech« leicht zu finden ist.

Die Rede ist legendär, weil der Mann, der als einer der besten Redner der Wirtschaftswelt galt, noch nie zuvor einen so tiefen und persönlichen Einblick in sein Denken gegeben hatte. Seine Stanford-Rede ist ein Manifest, das so ziemlich alles enthält, was man über das Leben wissen muss.

Was die Rede für mich so besonders macht, ist diese Passage:

> *»Deine Zeit ist begrenzt, also verschwende sie nicht damit, das Leben eines anderen zu leben. Lass nicht zu, dass der Lärm anderer Menschen deine eigene innere Stimme übertönt. Am wichtigsten ist es, dass du den Mut hast, deinem Herzen und deiner Intuition zu folgen. Die wissen irgendwie schon genau, was du wirklich werden willst. Alles andere ist zweitrangig.«*

»Du sollst der werden, der du bist«, hat Friedrich Nietzsche als Lebensziel formuliert. Bei Jobs heißt es: Folge deinem Herzen und deiner Intuition. Sie wissen bereits, was du wirklich werden willst.

Wollen und *Wählen* – das sind die zwei entscheidenden Komponenten der Entschiedenheit. Ohne Wollen ist jede Wahl kraftlos. Ohne Wählen ist unser Wollen richtungslos. Wollen und Wählen in Einklang bringen – das ist der Weg zu einem entschiedenen und bewussten Leben!

Entschiedenheit heißt: »Ich habe mich entschieden, und das ist mein Weg.« Diese Haltung hilft, Klarheit über die eigenen Prioritäten zu gewinnen. Das schließt aber auch ein, dass du damit umgehen musst, dass sich möglicherweise die Daumen nach unten senken, wenn du deinen Weg gehst und dir die Freiheit nimmst, den Erwartungen anderer nicht oder nur teilweise zu entsprechen.

Womit wir beim Knackpunkt wären:

Die Furcht davor, andere zu enttäuschen und von ihnen nicht mehr gemocht zu werden, ist der allergrößte Verhinderer für Entschiedenheit. Dabei ist es keineswegs so, dass die Beschränkungen uns von anderen diktiert werden. Wir selbst sind unsere strengsten Gefängniswärter. »Oje – was denken die anderen von mir?« Oder: »Wenn ich das mache, dann wird das jede Menge Gegenwind geben.«

Viele unserer Grenzen sind selbstgesetzt – durch unser Denken. Es braucht also zweierlei: Selbstwahrnehmung und Entschiedenheit. Beide Superkräfte zusammen sind der Schlüssel, um uns selbst treu zu bleiben.

Aber wie überwinden wir den inneren Antreiber namens »Mach's den anderen recht«?

Ich argumentiere hier nicht, dass die Erwartungen anderer dir vollkommen egal sein sollten. Mir geht es um einen anderen Punkt: Es wird dann problematisch, wenn du glaubst, dich den

Erwartungen anderer Menschen reflexhaft unterwerfen zu müssen. Bisweilen sogar, bevor diese ihre Erwartung überhaupt ausgesprochen haben.

Der dahinterliegende Mechanismus ist so simpel wie fatal: Menschen, die Erwartungen anderer derart verinnerlichen, dass sie diese für ihre eigenen halten, tun das in der Hoffnung, Konflikte zu vermeiden und leichter durchs Leben zu kommen. Nach dem Motto: Du wirst nur dann geliebt, wenn du anderen gefällst.

In der Konsequenz wird das eigene Leben zum Abziehbild fremder Erwartungen. Beispiele finden sich im Alltag zuhauf.

In meinem Bekanntenkreis gibt es Frauen, die die Rolle der Pflegekraft von alten Verwandten übernommen haben. Das hat an sich noch nichts mit Erwartungen zu tun, sondern mit einer Selbstverpflichtung. Wenn allerdings das eigene Leben komplett zurückgestellt, externe Hilfe abgelehnt und Raubbau an der eigenen Gesundheit betrieben wird, weil die handelnde Person der Überzeugung ist, dass es das ist, was man von ihr erwartet, wird es hochgradig problematisch.

Oder Führungskräfte, die glauben, dass sie es nur dann allen recht machen, wenn sie rund um die Uhr bis zur Selbstausbeutung im Einsatz sind. Und dann kommt ein Corporate Merger, und man hat plötzlich ein Restrukturierungsthema. Natürlich wird das freundlicher formuliert, und es ist die Rede von »Betriebsoptimierung« oder »Humankapitalfreisetzung« statt von Entlassung – aber egal, wie man es dreht und wendet, im Ergebnis bedeutet es: Tja, Pech gehabt.

Mein Umfeld kann Erwartungen an mich formulieren – implizit und explizit. Aber ich entscheide, wie ich handle.

Je mehr ich mir reflexhaft zu eigen mache, was andere von mir erwarten – oder das, von dem ich glaube, es würde von mir erwartet –, desto mehr gebe ich die Gestaltungshoheit für mein

Leben ab. Ich öffne mich so für alle möglichen Arten der Fremdsteuerung.

Es tut gut, sich immer mal wieder daran zu erinnern: Selbstverständlich kann mein Umfeld Erwartungen an mich formulieren – implizit und explizit. Aber ich entscheide, wie ich handle.

Knauf oder Klinke

Auf das eigene Herz und die innere Stimme zu hören, wie es Steve Jobs empfiehlt, und fremde Erwartungen *nicht* zur Richtschnur des eigenen Tuns und Unterlassens zu machen, ist das Ticket für ein selbstbestimmtes Leben. Doch nicht nur der innere Antreiber namens »Mach's den anderen recht« steht diesem Ziel im Weg, sondern auch die tief sitzende Angst, dass sich als Konsequenz meiner Entschiedenheit eine Situation auftut, die sich nie wieder umkehren lässt.

»Oh weiowei! Wenn ich jetzt mutig bin und endlich das Sabbatical mache oder meine Vollzeitstelle auf Teilzeit reduziere oder aus der Kleinstadt weggehe, die mich nervt ... dann ist das endgültig!«

Solche Überlegungen können lähmen. Aber sie sind fast immer falsch!

Die Entscheidung, in eine andere Stadt zu ziehen, auf Teilzeit umzusatteln oder für einige Monate auszusteigen und in einem thailändischen Kloster zu meditieren, sind Entscheidungen, die mit Risiken verbunden sind. Sie können sich im Nachhinein als gute Entscheidungen herausstellen oder aber als weniger gute. Viele befürchten, dass für den Fall, dass es anders läuft als erwartet, ihre Entscheidung irreversibel ist. Aber diese Annahme ist ein Irrtum.

Warum? Weil es immer zwei Sorten von Entscheidungen gibt:

1. **Irreversible Entscheidungen**
   Das sind diejenigen, die nicht mehr rückgängig zu machen sind – beispielsweise die Entscheidung, Kinder in die Welt zu setzen.

2. **Reversible Entscheidungen**
   Die sind umkehrbar. Beispielsweise, wenn du ein Haus kaufst, in eine neue Stadt umziehst, von Vollzeit auf Teilzeit umsattelst oder ein Sabbatical in Asien machst.

Ich muss also differenzieren: Welche Entscheidungen sind reversibel und welche sind es nicht? Jeff Bezos, der Gründer von Amazon, nutzt dafür das Bild einer Tür. Genauer gesagt unterscheidet er zwischen zwei Arten von Türen: solche, die auf beiden Seiten Klinken haben und jederzeit wieder geöffnet werden können, und solchen, die nur auf einer Seite eine Klinke haben und auf der anderen einen Knauf. Die Türen mit dem Knauf stehen für Entscheidungen, die irreversibel sind. Ist diese Tür zu, dann kann ich zwar am Knauf rütteln – aber die Tür geht nicht wieder auf. Das sind die Entscheidungen, die überaus sorgfältig abgewogen werden sollten. Denn wenn mir die Konsequenzen nicht passen, kann ich nicht sagen: »Leider vertan. Alles wieder zurück auf Anfang.« Der Geist ist dann schon aus der Flasche – und kann nicht wieder hineingedrückt werden.

Aber die meisten Entscheidungen sind nicht unwiderruflich! Das sind die Türen mit zwei Klinken, von denen Bezos spricht. Entpuppt sich die Entscheidung als Irrweg oder als Sackgasse, kann ich sie wieder zurückdrehen.

Wenn mir beispielsweise nach vier Wochen auffällt, dass das Klosterleben nicht so mein Ding ist, dann buche ich meinen Rückflug und spreche mit meinem Arbeitgeber, der mir eine Auszeit von sechs Monaten gewährt hat, um eine Lösung zu finden. Wenn sich der Umzug in eine andere Stadt als Reinfall entpuppt, dann muss ich überlegen, ob ich vielleicht doch wieder an den alten Wohnort zurückkehre. Ich muss mir dort eine neue Bleibe suchen und den Chor der selbstgerechten Besserwisser ertragen, die in den Refrain einstimmen: »Haben wir doch eh gewusst, dass es nicht funktioniert, tralala, tralala.«

Ein solcher Preis für eine revidierte Entscheidung ist tragbar, er kann von vornherein einkalkuliert werden. Genauso habe ich es mit meinem Umzug nach Hamburg gehalten. Mehr dazu im Kapitel *Experimente.*

Auch reversible Entscheidungen sollten natürlich gut überlegt werden, insbesondere wenn sie mit einem hohen Einsatz verbunden sind – finanziell, zeitlich oder emotional. Eine Kündigung, ein Hauskauf oder ein längeres Sabbatical sind keine Spontanentscheidungen wie der Griff nach einer bestimmten Marmeladensorte beim Einkauf im Supermarkt.

Wenn aber Pro und Contra abgewogen sind, sollte ich in die Entschiedenheit kommen. Falls mir das trotz gründlichen Abwägens immer noch nicht so ganz gelingen will, gibt es dennoch einen Weg. Nämlich indem ich aktiv dafür sorge, dass zwei Klinken an meiner Entscheidungstür sind. Diesem Ansatz folgte Richard Branson, als er 1984 seine Fluggesellschaft Virgin Atlantic gründete. Er wollte nicht so enden wie der klassische Börsenwitz, der so geht: Millionär kann werden, wer als Milliardär anfängt und dann eine Fluggesellschaft gründet. Also schloss der britische Unternehmer einen Vertrag mit Boeing, der es ihm ermöglichte, das eine Flugzeug, das er gekauft hatte, wieder zurückgeben zu können, falls seine neue Fluggesellschaft keinen Erfolg hätte.

Durch die Rücktrittsklausel, die Branson in den Vertrag einbrachte, verwandelte er den Knauf in eine zweite Klinke. Falls ihm das Ergebnis nicht gefiel, konnte er aus seinem Abenteuer wieder aussteigen.

Wenn die Tür zwei Klinken hat, gibt es keinen Grund, in der

Entscheidungsparalyse zu verharren. Besinne dich auf die Superkraft der Entschiedenheit – wähle deinen Weg und leg los! Langes Grübeln ist sinnlos! Probiert es einfach aus!

Viele versuchen jedoch, sich möglichst alle Türen offenzuhalten. Sich nicht festzulegen. Das ist wie der Wunsch, gewaschen zu werden, aber nicht nass zu werden. Wenn Entschiedenheit in unserem Leben fehlt, dann macht das unzufrieden. Wer schon mal einen kompletten Abend voller Unentschiedenheit per Channel-Hopping von einem TV-Sender zum nächsten gesprungen ist, weiß, was für ein schales Gefühl das ist.

Albert Camus hat gesagt: »Der Mensch ist nichts an sich. Er ist nur eine grenzenlose Chance. Aber er ist der grenzenlos Verantwortliche für diese Chance.« Deine Chancen im Leben zu nutzen – dafür braucht es Entschiedenheit. Es gibt keine Gebrauchsanweisung, keine Geld-zurück-Garantie für deine Lebensentscheidungen. Das Einzige, was dich leiten kann, ist auf Steve Jobs zu hören: »Folge deinem Herzen und deiner Intuition. Sie wissen bereits, was du wirklich werden willst.«

Beides – Herz und Intuition – können dir noch etwas anderes verraten: was du nicht mehr tun willst.

Meine Not-to-do-Liste

Entschiedenheit bedeutet eben auch, bewusst zu wählen, was ich *nicht mehr tue.*

Für mich bedeutet diese Erkenntnis, dass ich nicht nur eine To-do-Liste in meinem Leben brauche, sondern auch eine Not-to-do-Liste. Ich muss festlegen, was ich *nicht* will, damit das mehr Raum bekommt, was ich wirklich will.

Abgesehen davon, dass es Stress auslöst, permanent Ja zu sagen, obwohl ich Nein meine, beschenkt mich das aufrichtige Nein mit einem Leben, das meinen Prioritäten und meinem eigenen Takt folgt. Niemand kann das für mich übernehmen! Ich selbst bin die Expertin für mein Leben – niemand sonst.

Was auf meiner Liste steht? Das teile ich gern.

Bitte schön, hier ist meine Not-to-do-Liste:

1. **Nein zu Perfektion**

   Mich vom Perfektionszwang zu verabschieden, war ein echter Befreiungsschlag! Ich meine damit nicht, dass ich seitdem nur noch halbgare, fehlerbehaftete Arbeit abliefere. Es geht um etwas anderes: Zu versuchen, in allem gleich perfekt zu sein, ist blödsinnige Energieverschwendung! Anstatt endlose Anstrengungen in jedes Detail zu stecken, bemühe ich mich lieber, das, was mir wirklich wichtig ist, von dem zu trennen, was weniger wichtig ist. Dieser Akt des Trennens ist anspruchsvoll. Es ist leicht zu sagen: »Alles muss perfekt und großartig sein.« Die Herausforderung liegt darin, herauszufinden, wo »ganz okay« gut genug ist. Klarheit darüber zu gewinnen, was all meine Liebe und Fokussierung erfordert und bei welchen Aufgaben es völlig in Ordnung ist, einfach nur »gut genug« oder »ganz okay« zu sein, ist eine ebenso wichtige wie beglückende Differenzierung – für meine Arbeit und mein Leben.

2. **Nein zum schnellen Ja**

   Zu vielem – sowohl beruflich wie auch privat – sage ich Nein. Ich kann nicht alles gleichzeitig machen. Ich kann es nicht jedem recht machen.

   Ein Ja kommt uns allen schnell über die Lippen. Ich kenne das – und musste erst lernen, Nein als wichtiges Wort in meinen Wortschatz aufzunehmen.

   Na klar, das Ja ist freundlich und nett. Wenn ich Ja sage, enttäusche ich niemanden. Doch an jedem flotten Ja klebt ein dickes Preisschild: Der Preis ist unsere Lebenszeit, die – das nur zur Erinnerung – nicht unendlich ist. Mein schnelles Ja zur Teilnahme an einer Online-Veranstaltung, die zwar bequem vom Homeoffice aus erfolgen kann, aber dennoch erhebliche Vorbereitungszeit braucht, hat einen Preis. Ein flottes »Na klar, kein Problem« zum Nachbarn, der »mal eben kurz« Unterstützung braucht, weil Dackel Pauli Gassi geführt werden muss, ist nicht kostenlos. Natürlich will ich hilfsbereit sein und denke: »Bekomme ich irgendwie noch gewuppt.« Aber so ist es dann doch nicht. »Mal eben kurz« entpuppt sich als Zeitfresser, als Unterbrechung, als Ablenkung von dem, was mir wirklich wichtig ist.

Natürlich hat auch ein Nein seinen Preis. Vielleicht ist der Nachbar enttäuscht, dass ich nicht mit Pauli spazieren gehe. Vielleicht hält der Veranstalter des Online-Events mich für sperrig oder unflexibel, weil ich seine Anfrage ablehne.

Ja, das ist so! Gleichzeitig aber gilt: Stress hat, wer Ja sagt und Nein meint.

3. Nein zur ständigen Erreichbarkeit

Ich liebe Kommunikation. Ich mag Gespräche, ich finde E-Mail, Messaging Services und auch das gute alte Telefonat praktisch. Aber ich bin keine Notärztin. Ich muss nicht in Sekundenschnelle reagieren, weil sonst Leib und Leben bedroht wären.

Deshalb praktiziere ich asynchrone Kommunikation. Ich erlaube mir, auf E-Mails, die am Morgen reinkommen, erst Stunden später zu antworten – vielleicht sogar erst am nächsten oder übernächsten Tag. Ich reagiere nicht sofort bei jeder Message, die auf meinem Smartphone aufpoppt. Ich gehe nicht ans Telefon, wenn ich gerade im Schreibflow bin und nicht gestört werden möchte. Wer damit ein Problem hat, der hat ein Problem. Aber nur, weil jemand damit ein Problem hat, werde ich mein Nein zur ständigen Erreichbarkeit nicht ändern.

4. **Nein zum Anspruch, die Welt zu retten**
Ich sage Nein zu vielen ehrenamtlichen Aktivitäten. Natürlich ist ehrenamtliches Engagement großartig, und ich finde es wunderbar, dass Menschen dafür Zeit, Kraft und Energie investieren. Aber ich lehne dennoch in den meisten Fällen ab – es sei denn, es handelt sich um eine Sache, für die ich mich aus voller Überzeugung engagiere – wie beispielsweise die Juryarbeit für den Top-100-Innovationspreis für die innovativsten deutschen Mittelständler. Gleichzeitig aber gilt: Ich kann nicht auf allen Hochzeiten tanzen. Deshalb lehne ich beispielsweise Mentoring-Anfragen ab, die ich immer mal wieder von Frauennetzwerken erhalte. Keine Frage, Mentoring ist eine sinnvolle Sache – aber ich möchte Menschen generell weiterbringen, und das tue ich mit meinen Publikationen und meinen Vorträgen. Und dabei ist es für mich unerheblich, welches Geschlecht die Menschen haben. Sheryl Sandberg wäre zweifellos von mir enttäuscht.

5. **Nein zur Hochglanzfassade**
Im Kapitel »Der gewaltige Unterschied« habe ich das Gespräch mit dem Journalisten beschrieben, der mich danach fragte, wann Peter und ich unser nächstes Buch schreiben würden. Dieses Gespräch war ein Heureka-Moment für mich. Als ich beschloss, mich zu öffnen und zu erzählen, was los war, veränderte sich das Gespräch und gab der Beziehung sehr viel mehr Tiefe.
Dieses Erlebnis hat mich bestärkt und ermutigt, Nein zu

allen Formen unechter Hochglanzpolitur zu sagen. Dadurch ergeben sich im Alltag unglaublich schöne Begegnungen, genau wie bei meinen beruflichen Reisen und Veranstaltungen. Ich habe dabei keine versteckte Agenda. Meine Bereitschaft, in diesem Moment authentisch und verletzlich zu sein, ermöglicht es meinem Gegenüber, sich auch zu öffnen. Brené Brown, die den Zusammenhang von Verletzlichkeit und Selbstwertgefühl als Sozialforscherin untersucht und die ich als Autorin sehr schätze, würde das vermutlich gefallen.

6. **Nein zu *burning the midnight oil***
Ich habe schon früh gemerkt, dass ich unzufrieden werde, wenn ich nicht mindestens siebeneinhalb Stunden Schlaf bekomme. Gleichzeitig hat es mich früher beeindruckt, dass die Mächtigen und Wichtigen dieser Welt mit wenig Schlaf auskommen. Zumindest behaupten sie das. Viele Personen in Führungsfunktionen scheinen es für ein Zeichen von Stärke zu halten, nur wenig Schlaf zu brauchen. »Ich bin müde« ist bei politischen Nachtsitzungen oder zähen Verhandlungen unter Geschäftspartnern kaum ein Argument. Die ganze Nacht um einen Abschluss ringen oder eine Vertragsverhandlung durchknüppeln? Kein Problem! Schlaf ist für Loser. Aus diesem Stoff sind sie gestrickt, die modernen Heldensagen.
Aber sind die Schlaf-Abstinenzler tatsächlich Vorbilder oder eher Zombies? Die ernüchternde Wahrheit der meisten Ich-komme-mit-fünf-Stunden-Schlaf-aus-Helden sieht dann doch anders aus als ihre Selbstwahrnehmung. Sicherlich gibt es Menschen, die weniger Schlaf benötigen als ich. Aber nicht so viele, wie das von sich glauben.
Hier ist ein Umdenken fällig. Wir müssen unsere Leistungskultur neu und anders definieren. Höchstleistung

hat nichts damit zu tun, von früh bis spät am Schreibtisch (wahlweise: im Flugzeug, bei Meetings, auf Konferenzen) gesehen zu werden. Und es liegt an Führungskräften, hier mit gutem Beispiel voranzugehen.

Die vorgenannten Punkte sind nicht als Schnittmuster oder Vorlage gedacht – nichts läge mir ferner. Sie sind vielmehr eine Ermunterung, dir selbst Gedanken zu machen, was auf deiner Liste stehen soll.

Was ist mein großes Ja? Was sind meine Neins, die sich daraus ableiten?

Über die Bedeutung, das zu tun, spreche ich übrigens auch immer mal wieder in meinen Vorträgen. Zuerst schmunzeln die Leute im Publikum über den Begriff Not-to-do-Liste, dann runzeln sie die Stirn, und schließlich wird ihnen klar, dass das eine Sache ist, über die sich nachzudenken lohnt.

Also: Was ist dein großes Ja? Was sind deine Neins, die sich daraus ableiten?

Schreib sie auf. Hänge die Liste über deinen Schreibtisch oder lege sie unters Kopfkissen – und schau immer wieder drauf.

Am besten täglich.

IX.
Superkraft 6: Flexibles Denken

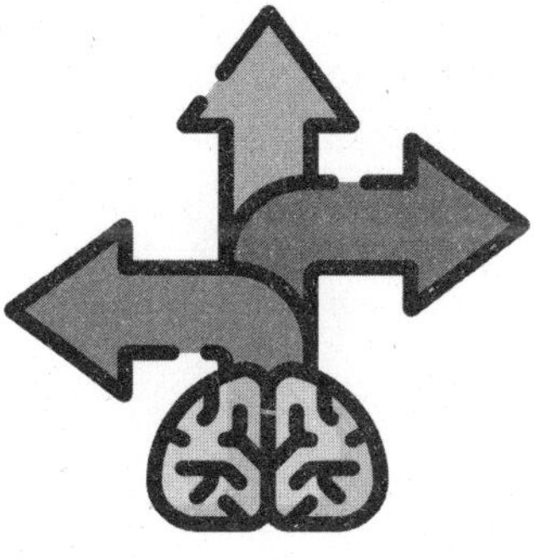

Mein Handgepäck ist verstaut. Check.
Meine AirPods mit Geräuschunterdrückung sind in den Ohren. Check.
Meine Lektüre für den Flug, das Sachbuch einer Neurowissenschaftlerin über die Macht der Gedanken, liegt auf meinen Beinen. Check.
Es kann losgehen!

Ich fliege nach Istanbul, wo ich die nächsten Tage verbringen werde. Die Stadt wollte ich mir schon lange ansehen. Endlich bietet sich die Gelegenheit, die Metropole am Bosporus näher kennenzulernen: Ich bin eingeladen, einen Vortrag vor Führungskräften eines weltweit tägigen Automobilzulieferers zu halten.

Im Flugzeug herrscht das übliche Gewusel. Eine Rentnergruppe ist auf der Suche nach ihren Sitzplätzen. Dahinter zwei Geschäftsleute in mausgrauen Anzügen, die selbst auf den letzten Metern ins Flugzeug noch telefonieren. Im engen Gang des Fliegers staut sich alles, weil einige Menschen aus Prinzip niemals ihren Koffer aufgeben und nun mit Gewalt die schwarzen Trolleys in die bereits vollen Gepäckfächer stopfen.

Einige Meter vor mir am Notausgang steht eine Flugbegleiterin und wartet, dass die letzten Gepäckstücke verstaut sind und alle Passagiere ihre Sitzplätze eingenommen haben. Merkwürdig! Immer dann, wenn mein Blick in ihre Richtung wandert, sehe ich, dass sie mich intensiv mustert.

»Habe ich etwas falsch gemacht?«, schießt es mir durch den Kopf.

Ich gehe die Checkliste möglicher »Fehltritte« durch: Richtiger Platz? Der Blick auf mein elektronisches Ticket bestätigt: Sitz 16C, Gangplatz. Korrekt. Nächster Punkt: Angeschnallt? Ja! Passt! Habe ich irgendetwas im Gesicht oder in den Haaren, was da nicht hingehört? Ein diskreter Blick in die Selfie-Kamera meines Smartphones gibt Entwarnung.

Trotzdem schaut mich die Flugbegleiterin immer wieder an.

Was ist nur los? Ich beschließe, meine Irritation zu ignorieren, und vertiefe mich in mein Buch.

»Entschuldigen Sie bitte!« Die Flugbegleiterin in ihrer dunkelblauen Uniform steht direkt vor mir im Gang.

Ich blicke sie fragend an. »Ja?«

»Ich war mir erst nicht ganz sicher«, beginnt sie, »aber ich glaube, Sie sind Anja Förster, oder?«

»Ich denke schon« lautet meine etwas verwirrte Antwort. Was will sie bloß von mir?

»Ja«, nun lächelt sie, »ich war mir nicht ganz sicher. Ich wollte Ihnen sagen, dass ich Ihren Freitags-Newsletter lese. Den finde ich richtig gut.«

Nun bin ich sprachlos – und das kommt eher selten vor. Ich stammle »Danke« und dass ich mich freue, dass ihr der Newsletter so gut gefällt.

Während wir auf die Startbahn rollen, kreisen meine Gedanken um diese Begegnung.

Wie häufig passiert es, dass ich an der Realität vorbeischieße, weil ich bestimmte Situationen missinterpretiere?

Meine Gedanken, warum die Flugbegleiterin mich so genau mustert, waren getriggert von der Sorge, ich hätte einen Fehler gemacht. Nun muss ich erkennen: Das entspricht gar nicht der Realität.

Diese Erkenntnis ist so fundamental, dass ich das Buch auf meinen Beinen zugeklappt lasse und weite Teile des Fluges darüber nachdenke.

Unser Geist erschafft ständig Gedanken – mal positive, mal negative. Wie Züge in einen großen Bahnhof fahren sie ins Bewusstsein hinein und wieder hinaus. Einige Gedanken sind hilfreich – beispielsweise Ideen zur Lösung eines Problems, Erinnerungen an Geburtstage, Mitgefühl für andere Menschen und für uns selbst. Es gibt jedoch auch Züge, die eine Ladung verworrener Ängste, negativer Selbstgespräche und Grübeleien transportieren: »Bestimmt habe ich etwas falsch gemacht!« – »Warum schaut sie so?«

Mit Bewusstheit durchs Leben zu gehen – siehe Superkraft 1 – und gleichzeitig die Superkraft des flexiblen Denkens zu praktizieren, gehören zusammen. Es bedeutet, mein Denken mit Wachheit wahrzunehmen und nicht alles zu glauben, was ich denke. Aber ganz häufig läuft es andersherum: Ich verwechsle das, was ich denke, mit der Realität. Aber es ist das, was mein Geist geschaffen hat! Das Problem beginnt, wenn ich meine Gedanken – vor allem die negativen – fälschlicherweise für die Realität halte. Dann werden sie zu einem Gefängnis, in das ich mich selbst einsperre.

Es sind Interpretationen wie »Ich muss etwas falsch gemacht haben, wenn mich jemand so anschaut«, tradierte Vorurteile wie »Bei Frauen oder bei Männern ist das eben so« oder Glaubenssätze: »Dafür bin ich zu blöd/zu alt/ …« Das Einzige, was diese Überzeugungen leisten: Sie machen unfrei. Sie ziehen uns runter. Sie machen uns klein.

Warum bauen wir uns dann solche Gedankengefängnisse? Weil wir unsere Zelle darin insgeheim als sicher und bequem empfinden. Sie ist uns vertraut, schließlich haben wir sie selbst gebaut. Je älter die Gefängniszelle und je mehr Patina die Gitterstäbe haben, desto schwerer fällt es, sich daraus zu befreien.

Mich inspiriert die Aussage des englischen Schriftstellers Charles Reade: »Achte auf deine Gedanken, denn sie werden Worte. Achte auf deine Worte, denn sie werden Handlungen. Achte auf deine Handlungen, denn sie werden Gewohnheiten. Achte auf deine Gewohnheiten, denn sie werden dein Charakter. Achte auf deinen Charakter, denn er wird dein Schicksal.«

Die Gedanken über die Realität sind nicht die Realität

Byron Katie ist eine bedeutende spirituelle Lehrerin der Gegenwart. Sie hat eine einfache, aber wirksame Methode entwickelt, negative Gedanken zu identifizieren und sie mittels vier Fragen zu hinterfragen. Katies Methode hilft, belastende Gedanken zu erkennen, zu hinterfragen und schließlich zu verwandeln. Denn Negativität und Stress entstehen nicht durch Ereignisse oder Personen, sondern durch unsere Interpretation der Geschehnisse.

Byron Katie litt unter psychischen Problemen, die sich im Lauf der Jahre immer weiter verschlimmerten. An einem Morgen im Jahr 1986 hatte sie eine Erkenntnis, die ihr Leben veränderte: Die Ursachen ihrer Probleme lagen nicht in ihrer Umgebung, sondern in ihren Gedanken darüber. Sie kam zu dem Schluss: Wenn ich diese Gedanken *nicht* automatisch für wahr halte, ändert sich alles.

»Glaube nicht alles, was du denkst.« Dieses Zitat von Katie, die ihre Lebensgeschichte und ihre Erkenntnisse in dem Buch *Lieben was ist* (Originaltitel: *The Work*) verarbeitete und damit weltweit bekannt wurde, bringt es exakt auf den Punkt.

The Work besteht aus vier Fragen, die den ursprünglichen stressverursachenden Gedanken umkehren. Sie lauten:

1. Ist das wahr?
2. Kannst du absolut sicher wissen, dass es wahr ist?
3. Wie reagierst du auf diesen Gedanken?
4. Was wärst du ohne diesen Gedanken?

Schauen wir uns das am Beispiel meines Erlebnisses auf dem Flug nach Istanbul mal genauer an. Wie hätte ich mit Byron Katies vier Fragen herausfinden können, ob meine Gedanken über die Situation überhaupt richtig sind?

1. Weiß ich, ob es wahr ist, dass die Flugbegleiterin mich misstrauisch beäugt?
   Ich weiß es nicht. Vielleicht ist er wahr, vielleicht auch nicht.
2. Kann ich mit absoluter Sicherheit wissen, dass dieser Gedanke wahr ist?
   Ein klares Nein! Ich weiß es nicht mit absoluter Sicherheit!
3. Wie reagiere ich, wenn ich nicht sicher bin, was sie von mir will?
   Es fühlt sich nicht gut an. Wenn ich innehalte und in mich hineinspüre, fühle ich ein Druck- und Engegefühl im Brustkorb.
4. Wer wäre ich ohne diesen Gedanken?
   Frei, leicht, happy, entspannt – diese Begriffe fallen mir ein, wenn ich mir vorstelle, der Gedanke wäre nicht da.

Diese Methode ist kein esoterisches Chichi, sondern fundamental!

Deine Gedanken spiegeln deine *Interpretation* der Realität wider – aber eben *nicht* die eine, ultimative Realität. Wenn du deine Interpretation mit der Realität verwechselst, beeinflusst das wiederum massiv, wie du dich fühlst.

Das heißt, dass unser Denken nie neutral ist, sondern wir unentwegt kommentieren, bewerten, spekulieren und urteilen. Nur sind wir uns dessen überhaupt nicht bewusst.

Die gute Nachricht ist: Du kannst diesen Automatismus stoppen.

Der erste Schritt: Achte auf deine Stimme im Kopf! Sei aufmerksam, bei sich wiederholenden negativen Gedankenmustern, die wie auf einer Schallplatte in endlosen Loops rauf und runter laufen. Eckhart Tolle, von dem zuvor schon die Rede war, nennt es »den Denker beobachten« – und zwar aufmerksam und vorurteilslos. Warum vorurteilslos? Wenn ich gleich wieder damit beginne, den Denker zu beurteilen, dann bedeutet es, dass er wieder durch die Hintertür hereingekommen ist.

Es geht also um ein aufmerksames Wahrnehmen: »*Da* ist der Denker, und hier *bin ich.*«

Das eröffnet den Weg zu unserem wahren Selbst, von dem auch Steve Jobs in seiner Stanford-Rede gesprochen hat.

MEINE ERKENNTNIS: Wir sollten es uns viel häufiger zur Gewohnheit machen, uns selbst zu fragen: Was geht gerade in mir vor?

Und noch etwas: Wir sollten unsere Gedanken über die Realität nicht mit der Realität verwechseln!

Ein alltagspraktisches Beispiel: Wenn ich beispielsweise denke, dass mein Partner mir gegenüber nicht aufrichtig ist, dann bin ich wütend und gekränkt. Und nun wird es paradox: Wenn das, was ich denke, aber gar nicht die Realität ist, dann wird meine Wut oder meine Kränkung von etwas ausgelöst, das gar nicht existiert! Wenn mein Partner in Wirklichkeit gar nicht unaufrichtig ist, dann geht es mir schlecht wegen etwas, was überhaupt nicht stimmt.

Wie kann ich verhindern, dass ich meine Gedanken über die Realität mit der Realität verwechsle?

1. **Bewusstheit**
   Welche Geschichten erzähle ich mir? Stärken und unterstützen sie mich? Oder schwächen sie mich und sorgen dafür, dass ich mich klein fühle?

2. **Unterscheidung**
   Meine Erzählungen sind meine Erzählungen – aber nicht die Realität! Es sind meine Gedanken, und die können hinderlich sein oder negativ oder sogar selbst sabotierend. Das zu erkennen, dabei hilft die Fragetechnik von Byron Katie.

Die Superkraft des flexiblen Denkens hilft dir, in die Beobachterrolle zu schlüpfen und wahrzunehmen, was in dir vorgeht. Dazu braucht es Achtsamkeit und Wachheit gegenüber dir selbst und dem, was durch deinen Kopf wandert. Die Superkraft 1 – Stille statt Bullshit – und die Superkraft des flexiblen Denkens sind zusammen sehr mächtige Werkzeuge für die innere Transformation.

Welches gedankliche Floß tragen wir auf unseren Schultern durchs Leben?

Die Schlüsselerkenntnis ist, dass wir in unseren Gedanken ständig »Realitäten« erschaffen. Das ist bei positiven Gedanken nicht problematisch – aber es ist ungemein hinderlich, wenn die Gedanken, die wir für die Realität halten, negativ, destruktiv und schlicht hinderlich sind.

Das zeigt das Gleichnis vom Mann mit dem Floß. Dabei handelt es sich um einen der Schlüsseltexte aus Buddhas Reden. Ich gebe das Gleichnis in meinen Worten verkürzt und vereinfacht wieder. Die Puristen mögen mir verzeihen.

Los geht's.

Ein Mann, der einen Weg entlangging, kam zu einem Fluss mit reißendem Wasser. Er wollte den Fluss überqueren und ans andere Ufer gelangen – aber sosehr er sich auch umsah, es gab weder ein Boot noch eine Brücke.

Durch das reißende Wasser zu schwimmen, war keine Option. Es würde ihn das Leben kosten. Also machte er sich daran, Gras, Zweige und Äste zu sammeln, und band diese zu einem einfachen Floß zusammen. Er legte sich darauf, paddelte mit Händen und Füßen und überquerte so den Fluss.

Am anderen Ufer angekommen, dachte er sich: »Das war

meine Rettung! Ohne dieses Floß wäre ich niemals heil ans andere Ufer gelangt. Ich nehme es mit.«

Also lud er es sich auf die Schultern und setzte seinen Weg fort. Im Wald begann das Floß, sich in den Ästen zu verfangen und behinderte ihn am Vorwärtskommen.

Doch er weigerte sich, es loszulassen.

»Das ist doch mein Floß«, sagte er sich. »Ich habe es gebaut und es hat mir ermöglicht, den reißenden Fluss lebend zu überqueren.«

Doch um weiterzukommen, musste er genau das loslassen, was ihm zuvor das Leben gerettet hatte.

Das ist mein Floß, das mich gerettet hat. Ich kann es doch nicht loslassen!

Eine der wichtigsten Lehren des Buddha ist, dass der Buddhismus selbst nur ein Floß ist. Buddhas Lehre dient dazu, den Fluss zu überqueren, nicht dazu, sie mit dir herumzutragen, wenn du das Ufer auf der anderen Seite erreicht hast. Mit dem diesseitigen Ufer, auf dem du stehst, ist unsere gegenwärtige ich-gebundene Existenz gemeint. Das andere Ufer steht für das Ziel der Erleuchtung. Die Lehre des Buddha ist das Floß, das uns über den Fluss trägt, der zwischen der gegenwärtigen ich-gebundenen Existenz und dem Ziel der Erleuchtung liegt. Das ist seine einzige Funktion. Der Buddha erklärte: »Ich lehre das Floß als etwas, das zurückgelassen werden muss.«

Was für ein tiefes und kraftvolles Gleichnis!

Mir geht es nicht um eine religiöse Sichtweise, sondern um eine lebenspraktische Frage: Welches gedankliche Floß tragen wir auf unseren Schultern durchs Leben? Oder anders gefragt: An welche Gedanken oder Stützen klammern wir uns, obwohl wir sie nicht mehr brauchen?

Im Laufe meines Lebens gab es das ein oder andere Floß, das ich gedanklich geschultert hatte, obwohl es mir längst nicht mehr dienlich war. Als ich mich etwa entschloss, meinen Job als Managerin in dem internationalen Beratungsunternehmen zu kündigen und mich als Autorin und Speakerin selbstständig zu machen, war es nicht einfach, das »Floß Festanstellung« loszulassen. Die vermeintliche Sicherheit aufzugeben, kostete mich Überwindung. »Schaffe ich das?« – »Ist die Sache mit der Selbstständigkeit nicht eine Nummer zu groß für mich?«

Wir alle kennen das. Wir klammern uns an das, was uns vertraut ist. Der geistige Ballast, den wir mit uns herumschleppen, findet sich in allen Bereichen des Lebens. Das »Floß« kann ein langweiliges Vorstadtdasein sein, das nicht aufgegeben wird, obwohl du ständig davon redest, wie großartig es wäre, noch einmal neu anzufangen. Das »Floß« kann die nervige Chefin sein, die überhaupt nicht erkennt, was du leistest. Dennoch erscheint das entschiedene »Tschüss, das war's« als Ding der Unmöglichkeit.

Die Gewohnheit, das »Floß« auf den Schultern zu spüren, egal, wie schwer und hinderlich es auch sein mag, ist derart in Fleisch und Blut übergegangen, dass es geradezu absurd erscheint, es loszulassen.

Loslassen heißt nicht, die Vergangenheit zu eliminieren.

Ab und zu gibt es diese kurzen Momente, wenn der Träger oder die Trägerin des Floßes morgens aufwacht und sich fragt: »Ist das eigentlich schon alles, was mein Leben ausmacht? Könnte ich das Floß nicht ablegen und dann wieder beide Hände frei haben?« Doch dann steht sie oder er auf, schultert das sperrige Ding und setzt den Weg fort – inklusive Dauerkampf mit den Ästen, an denen es ständig hängen bleibt. Nur gut, dass der willige Geist einen Ausredenkanon liefert mit dem immergleichen Refrain: »Ich würde ja gern, aber es geht nicht, weil …«

Das Herumschleppen ist uns enorm vertraut. Außerdem haben wir Zeit und Ressourcen in den Bau des Floßes investiert. Nein, ohne das Ding weiterzugehen, ist keine Option!

Vielleicht kommt dir das bekannt vor – natürlich nicht aus deinem eigenen Leben, sondern von anderen Menschen ... (Ironie aus) ... »Aber ich habe doch fünf Jahre damit verbracht, auf diesen Job hinzuarbeiten. Jetzt kann ich nicht aufgeben, nur weil mich die Aufgabe oder meine Chefin nervt ...« Oder: »Wir haben doch jetzt so viel Zeit in das Projekt investiert, von dem Geld und der Brainpower ganz zu schweigen.«

Und dann ist da noch unser Ego. Es hat das Herumtragen des Floßes zum Teil unserer Identität gemacht: »Um Himmels willen, wenn ich es loslasse, würde ich ganz blank dastehen. Oh nein, das will ich auf gar keinen Fall!«

So ganz ohne das Floß auf den Schultern stellt sich die Frage: Wer bin ich dann?

Als Selbstschutz gegen die Verlustangst klammern viele an alten Gewissheiten und suchen Antworten im Status quo. Aber eines ist klar: Dort werden wir die Antworten nicht finden.

Was zwischen mir und meiner Reise zu einer authentischeren und reiferen Version meiner selbst steht, lässt sich nur mit flexiblem Denken erkennen: Dafür müssen wir alte Denkmuster und scheinbar unumstößliche Überzeugungen loslassen.

Was ich auf meiner eigenen Entwicklungsreise gelernt habe: Loslassen heißt nicht, die Vergangenheit zu eliminieren.

Die Zeit, das Geld und die Mühe, die du aufgewendet hast, um das Floß zu bauen, also beispielsweise ein Projekt anzuschieben, auf einen Job hinzuarbeiten oder das Haus in der Vorstadt zu bauen, das sind keine versenkten Kosten. Das ist ein Irrtum, dem viele Menschen – und übrigens auch Organisationen – aufsitzen. Man spricht dann von der sogenannten *Sunk Cost Fallacy* (Versunkene-Kosten-Falle).

Unter Hinweis auf das Geld, die Mühe und die Zeit, die bereits investiert wurden, wird hartnäckig an einem Projekt festgehalten, obwohl klar ist, dass es nicht in die gewünschte Richtung geht. Das ist ein Missverständnis, das größer nicht sein könnte! Es ist kein Investment, das du jetzt blöderweise versenkt hast! Es ist ein Geschenk von deinem früheren Selbst an dein jetziges Selbst:

War der Bau des Hauses in der Vorstadt ein Misserfolg? Nein, denn du hast gelernt, ein komplexes Projekt zu stemmen, und sogar noch deine eigenen handwerklichen Fähigkeiten weiterentwickelt. Du hast geübt, mit unvorhergesehenen Problemen und Verzögerungen konstruktiv umzugehen und Lösungen zu finden!

War das jahrelange Hinarbeiten auf den Job, den du gerne aufgeben würdest, ein Misserfolg? Nein! Du hast viel dabei gelernt. Unter anderem Ausdauer! Oder die Fähigkeit, zig verschiedene Aufgaben unter einen Hut zu bekommen, Budgets zu kalkulieren und zu managen. Du hast eine steile Lernkurve durchlaufen, um dort zu sein, wo du heute bist!

War das Projekt ein Misserfolg, nur weil ihr erkennen musstet, dass es an der Zeit ist, die Reißleine zu ziehen? Nein, denn das Team hat wichtige Erkenntnisse gewonnen, die beim nächsten Projekt verhindern, dass sich die gleiche Fehleinschätzung wiederholt.

Also bedanke dich bei deinem Floß und lass es los.

Nicht bequem, aber wirksam

Damit die Superkraft des flexiblen Denkens in unserem Leben überhaupt eine Chance hat, braucht es neben der Erkenntnis, meine Gedanken über die Realität nicht mit der Realität zu verwechseln, eine weitere entscheidende Zutat: die Bereitschaft, auch andere Blickwinkel zuzulassen.

Das ist nicht bequem, aber wirksam!

Wir sollten

1. den eigenen Denkrahmen immer mal wieder sprengen.
2. Ungewissheit und Mehrdeutigkeiten annehmen.
3. uns nicht von scheinbaren Eindeutigkeiten, unumstößlichen Überzeugungen und dauerhaften Entscheidungen blenden lassen.

Warum das so wichtig ist?

Was gestern galt, ist heute überholt. In einer immer komplexeren Welt ist unflexibles Denken ein Fluch. Wer die Dinge statisch betrachtet, übersieht wichtige Entwicklungen, die außerhalb des eigenen beschränkten Sichtfelds liegen.

Die Superkraft des flexiblen Denkens bedeutet auch, sich über das Routinierte, Altbekannte, Vertraute hinaus zu öffnen. Das heißt in der Konsequenz, dem Versuch zu widerstehen, komplexe Themen auf eine einzige Ursache oder Erklärung zu reduzieren. Nichts für selbstverständlich zu halten. Immer mal wieder die Perspektive zu wechseln. Neugierig zu bleiben. Sich von einzig richtigen Standpunkten zu verabschieden. Und den Gedanken zuzulassen, dass die eigene Sichtweise verengt sein könnte. Voraussetzung für den Perspektivenwechsel ist die Erkenntnis: »Ich weiß, dass ich nichts weiß« sowie die Offenheit und Bereitschaft, nicht alles zu glauben, was ich denke.

Ich suche nach Gründen, warum ich falschliegen könnte – und nicht nach Gründen, warum ich richtigliegen muss!

Drei geistige Dehnübungen gegen Engstirnigkeit:

1. Intellektuelle Demut praktizieren

Egal, wie intelligent du bist – wenn du nicht bereit bist, deine Meinung zu ändern, förderst du Dogmatismus. Und das ist keine Tugend, das ist Dummheit!

Der Organisationspsychologe Adam Grant verweist in

seinem Buch *Think Again* auf Forschungen, die zeigen, dass gerade bei Menschen, die in Intelligenztests überdurchschnittlich gut abschneiden, die Wahrscheinlichkeit steigt, auf Stereotype hereinzufallen, also auf relativ starre, überindividuell geltende Vorstellungsbilder. Warum ist das so? Grant erklärt es so: Menschen mit einem hohen IQ sind schneller in der Mustererkennung.
Ein Beispiel: Jemand ist absolut davon überzeugt, objektiv zu sein. Auf die Frage »Bist du voreingenommen?« würde diese Person entrüstet antworten: »Nein, natürlich nicht!« Intelligente Menschen tappen eher in eine solche Denkfalle, so Grant. Denn je intelligenter jemand ist, desto schwieriger kann es sein, eigene Grenzen zu erkennen. Gut im Denken zu sein, kann also geradewegs dazu führen, dass man schlechter darin ist, Dinge zu überdenken.
Intellektuell demütig zu sein heißt: zu akzeptieren, dass ich mich irren kann! Das ist keine Koketterie, sondern das Ergebnis von Selbstreflexion, kritischem Hinterfragen und intellektueller Offenheit.
Ich gehe also nicht nur unvoreingenommen an eine Sache heran, sondern gehe aktiv unvoreingenommen heran! Ich suche nach Gründen, warum ich falschliegen könnte – und nicht nach Gründen, warum ich richtigliegen muss!

2. Konstruktive Meinungsverschiedenheiten zulassen

Puh, das ist starker Tobak für viele! Unterschiedliche Meinungen zulassen? Wo kommen wir denn da hin? Also bleibt man »unter sich« und sucht Menschen, die einen selbst bestätigen. Das kommt der Neigung entgegen, sich an »einzig richtigen« Standpunkten, Konventionen, Mustern und Normen festzuklammern.
Jemand sieht die Dinge komplett anders?

Jemand glaubt etwas anderes, handelt anders und lebt anders als man selbst?

Der tickt ja wohl nicht ganz richtig!

Viele glauben zu wissen, wie »man« zu denken und zu handeln hat! Damit machen sie ihre eigenen Wertmaßstäbe, Denk- und Sichtweisen für alle anderen verbindlich.

Mit welchem Recht eigentlich?

Wenn man einer anderen Person abspricht, dass sie die Dinge anders sehen darf, steckt dahinter der Wunsch: »Wenn er oder sie mir und meinen Überzeugungen doch nur ähnlicher wäre.« Es ist schon verrückt, wie schwer sich viele damit tun, anderen zuzugestehen, nicht so zu sein, wie sie es gern hätten. Sie glauben zu wissen, wie »man« zu denken, sich zu verhalten und zu sein hat. Die eigene Sichtweise wird als das Maß aller Dinge genommen. Und wenn jemand sich dann erdreistet, zu sagen: »Ich sehe das anders«, sind die selbstgerechten Meinungsapostel genervt oder schalten auf Angriff: »Du siehst das vollkommen falsch!«

Sich auf produktive Meinungsverschiedenheiten einzulassen und eine Kultur des offenen Dialogs zu fördern, ist anstrengend – aber sehr lohnend! Wenn ich anderer Meinung bin und mich darauf einlasse, die Dinge durch die Brille meines Gegenübers zu sehen, dann ergänze ich meine Sichtweise, erkenne blinde Flecken und kann daraus lernen. Meine Sicht durch die Fremdsicht zu ergänzen, ist eine ebenso wertvolle wie notwendige Zutat für konstruktive Debatten. Und diese brauchen wir, um unsere Entscheidungsfindung zu verbessern, Innovationen zu entwickeln und letztlich auch, um Beziehungen zu stärken.

Deshalb ist es eine gute Idee, Freundschaften mit Men-

schen aus unterschiedlichsten Bereichen zu pflegen. Und vor allem: nicht gleich zu werten, sondern es als Einladung zu verstehen, andere Perspektiven als die eigene zuzulassen.
Das wiederum hebt die Qualität unseres Bewusstseins und hilft, gelassen zu bleiben und angemessen zu antworten – auch in Situationen, seien es nun private oder berufliche, in denen unterschiedliche Meinungen sichtbar werden. Angemessen – das heißt nicht reflexhaft anklagend. Sondern im Bewusstsein, dass meine Sicht der Dinge ergänzt und manchmal auch überschrieben werden muss.

3. Kognitive Flexibilität trainieren

Anstatt auf altbekannten Annahmen zu beharren und mit So-wie-immer-Lösungen an Probleme heranzugehen, geht es darum, das eigene Denken flexibel neuen Erkenntnissen anzupassen und alternative Perspektiven in Betracht zu ziehen.
Wie lässt sich das trainieren? Beispielsweise, indem ich bewusst Artikel oder Podcasts außerhalb meines eigenen Fach- oder Interessengebietes lese und höre. Oder zu einem Kongress oder einem Treffen gehe, das üblicherweise nicht auf meiner Agenda steht.
In meinem Leben erfüllt das Reisen die Funktion des geistigen Korrektivs. Ich stelle immer wieder fest, dass das Reisen, das Leben und Arbeiten in einem fremden Land mich zunächst zur Fremden macht. Es fordert mich heraus und befreit mich gleichzeitig von eingefahrenen Denkmustern und vorschnellen Urteilen.
Wie auch immer wir das handhaben: Wichtig ist, »Maßnahmen« in unser Leben zu integrieren, die unsere Perspektive erweitern und unterstreichen, dass die eigene Sicht der Dinge keinen Anspruch auf allgemeine Gültig-

keit erheben sollte. Dass man die Dinge auch anders betrachten kann.

Zwei irritierte Fische

Der früh verstorbene Autor David Foster Wallace schrieb vor Jahren diese kleine Geschichte auf:

Schwimmen zwei junge Fische des Weges und treffen zufällig einen älteren Fisch, der in die Gegenrichtung unterwegs ist. Er nickt ihnen zu und sagt: »Morgen Jungs. Wie ist das Wasser?«
Die zwei jungen Fische schwimmen ein Weile weiter, und schließlich wirft der eine dem anderen einen Blick zu und fragt: »Was zum Teufel ist Wasser?«

Wir leben zwar nicht im Wasser, aber in einer uns alle umfassenden Wirklichkeit, von der viele bislang dachten, man wisse zumindest in groben Zügen, wie sie beschaffen ist.

Aber vielleicht ist die Welt ja auch ganz anders. Vielleicht haben wir blinde Flecken.

Wie heißt es so schön in einem Zitat von Paul Watzlawick: »Jeder meint, dass seine Wirklichkeit die wirkliche Wirklichkeit ist.« Umso wichtiger ist es, die eigene Wirklichkeit regelmäßig auf den Prüfstand zu stellen. Das ist anstrengend, ungewohnt. Und wer die Dinge mit anderen Augen sieht, riskiert immer auch etwas. Wir verlieren die vermeintliche Sicherheit einer bislang hermetisch geschlossenen Weltanschauung, vertraute Erkenntnisse, lieb gewonnene Verhaltensmuster und Gewohnheiten. Aber dafür entdecken wir möglicherweise den Schlüssel zu neuen Horizonten und zu besseren, kreativen Lösungen.

Die Geschichte von den Fischen erinnert uns daran, dass kluge Fragen in andere Sichtweisen münden können.

Natürlich ist es bequemer, sich mit Gleichgesinnten zu umgeben, die diese Fragen erst gar nicht stellen. Nicht nur im Privatleben tun viele sich schwer damit, andere Sichtweisen zuzulassen. Gleiches gilt auch im beruflichen Kontext. Was uns geradewegs zum Thema *Konformität* bringt.

Wenn in einer Organisation überwiegend Menschen zusammenkommen, die die gleiche Ausbildung durchlaufen haben, die gleiche Hautfarbe haben, die gleiche sexuelle Orientierung, die gleiche Weltsicht und ein fast identisches Erfahrungsspektrum, dann ist es wenig überraschend, dass sich nicht nur Kleidung und Sprache der Menschen immer ähnlicher werden – sie beginnen auch, immer ähnlicher zu denken. Und genau das ist das Problem.

Die Harvard-Professorin Rosabeth Moss Kanter bezeichnet dieses Phänomen ebenso spitz wie zutreffend als »homosoziale Reproduktion« – also eine Art »Fortpflanzung« der Gruppe durch die Erweiterung mit beinahe identischen Köpfen. Damit steigt das homogene Denken: Man redet einander nach dem Mund, hinterfragt Probleme weniger kritisch und gelangt letztlich auch zu weniger guten Entscheidungen. Warum? Die blinden Flecken sind schuld.

Egal, wie brillant und wendig die einzelnen Köpfe in dieser Gruppe auch sein mögen – was in ihrem blinden Fleck liegt, bleibt für sie verborgen. Um die blinden Flecken zu erkennen, brauchen wir Menschen mit anderen Lebenserfahrungen und Sichtweisen. Von jemandem, der genauso denkt wie du, kannst du nichts lernen – geschweige denn die eigene Blindheit erkennen!

Eine lernende Organisation, die diesen Namen wirklich verdient, hat ein geschärftes Bewusstsein dafür, dass heterogenes und flexibles Denken in den eigenen Reihen notwendig, ja sogar überlebenswichtig ist! Denn Einigkeit macht starr.

Um Missverständnissen vorzubeugen: Ich behaupte nicht, dass permanente Uneinigkeit eine gute Sache wäre. Keine Organisation kommt ohne ein gewisses Level an Einigkeit und konformem Denken und Handeln aus. Allerdings gilt das nur bis zu einem gewissen Grad – ist der überschritten, stirbt auch die Bereitschaft, sich selbst mit flexiblem Denken und konstruktiv-kritischem Hinterfragen des Status quo zu exponieren.

Drei Fragen, über die es sich lohnt nachzudenken:

1. Worauf sind die Auswahl- und Beförderungspraktiken ausgerichtet: Konformität oder Diversität?
2. Was wird stärker honoriert: »Malen innerhalb der vorgegebenen Linien« oder Initiative?
3. Ist konstruktiver Nonkonformismus ein Wert – oder ein Defekt?

Anders formuliert: Hat divergentes Denken überhaupt eine Chance? Erkennt man den Wert, der darin liegt, dass das Unterbrechen der üblichen Denkroutinen die Gesamtorganisation lernen lässt? Werden Menschen, die in guter und loyaler Absicht das Business-as-usual »stören«, überhaupt als »Asset« betrachtet – oder gelten sie als Teil des Problems?

Kluge Diskutanten liefern in der Diskussion Gründe, warum sie es anders sehen. Sie können aber nur dann ihre Wirkung entfalten, wenn die von ihnen eingebrachten zusätzlichen Aspekte als Bereicherung verstanden werden – und nicht als lästige Störung. Die anderen Personen in der Gruppe müssen bereit sein, sich mit der abweichenden Sichtweise auseinanderzusetzen:

»Warum denkst du das?«

»Liegst du daneben?«

»Liege ich daneben?«

»Oder irren wir uns vielleicht beide und müssten noch mal genauer darüber nachdenken?«

Das kann ganz schön anstrengend sein. Das kann die Harmonie stören. Und das soll es auch!

Gleich, wie brillant und wendig mein Geist auch sein mag, ich erkenne nicht das, was in meinem blinden Fleck liegt.

Es ist Führungsaufgabe, alle Beteiligten daran zu erinnern, dass der sichere Weg in den eigenen Niedergang und den der gesamten Organisation darin besteht, sich an nicht hinterfragten Denkkonstrukten und unverrückbaren Überzeugungen festzuklammern. Altgediente Antworten, scheinbar unumstößliche »Wahrheiten« müssen regelmäßig hinterfragt werden. Obwohl es natürlich nervt und bisweilen schmerzt.

Das heißt: Suche nicht nur Zustimmung, sondern höre auch abweichenden Meinungen zu! Das klingt erst mal vernünftig und erntet Zustimmung. Welcher Chef, welche Chefin, die für sich den Anspruch erhebt, modern und aufgeschlossen zu sein, würde schon sagen: »Gegenrede? Will ich nicht!«

Warum ist der Mut zur Gegenrede in vielen Organisationen dennoch so wenig ausgeprägt? Menschen sind soziale Wesen und haben gute Antennen für das Meinungsklima, in dem sie sich bewegen. Um nicht isoliert zu werden, versuchen wir, uns mit der allgemeinen Gestimmtheit unserer Umgebung zu harmonisieren. Den Mund aufmachen und gegen den Meinungstrend reden, der in eine ganz andere Richtung geht? »Ach nö, das lass ich mal lieber.« Also wird die Gegenrede heruntergeschluckt, um den lieben Frieden nicht zu stören. Weil wir den Prozess nicht aufhalten wollen. Weil die Vorgesetzte an der bereits gewählten Richtung keinen Zweifel lässt. Weil die »einzig mögliche Lösung« bereits feststeht und nur Argumente zugelassen werden, die diese Lösung unterstützen. Weil sich die Augen aller auf den HIPPO (*Highest Paid Person's Opinion*) richten. Oder weil es an psychologischer Sicherheit in der Organisation fehlt.

Die Ursachen, warum Menschen nicht den Mund aufmachen, sind vielfältig.

Führungskräfte sollten sich bewusst sein, dass sie viel mehr Kontrolle über die Geschicke ihrer Mitarbeitenden haben als umgekehrt. Deshalb ist es nicht selbstverständlich, dass jemand die Meinung des Chefs oder der Chefin infrage stellt.

In der Zusammenfassung heißt das: Es ist sehr viel klüger (wenngleich auch anstrengender), den unbequemen Dissens dem bequemen Konsens vorzuziehen.

Die wichtige Lektion für Führungskräfte: Seid euch bewusst, dass Machtunterschiede in der Organisation scheinbares Einverständnis der Mitarbeitenden kultivieren. Das ist eine Konsequenz der Hierarchie: Der offene Widerspruch wird vermieden, weil von Anfang an klar ist, wer die Oberhand hat. Führungskräfte, die eifriges Kopfnicken als Zustimmung interpretieren, übersehen dabei, dass es möglicherweise nichts anderes ist als eine Job- und Karriereversicherung, die sich die Mitarbeitenden mit ihrer Zustimmung erkaufen. Kopfnicken heißt nicht automatisch Zustimmung!

Es ist sehr viel klüger – wenngleich auch anstrengender –, den unbequemen Dissens dem bequemen Konsens vorzuziehen.

In disruptiven Zeiten ist es umso wichtiger, sich von vorschnellen Urteilen und simplifizierenden Eindeutigkeiten zu verabschieden und darauf zu setzen, mit So-wie-immer-Lösungen über die Runden zu kommen. Die Superkraft des flexiblen Denkens heißt auch, Widerspruch, Dissens und abweichende Meinungen schätzen zu lernen.

Und ganz wichtig: Lachen zu können. Auch über sich selbst.

X.
Superkraft 7: Experimente

»Verdammte Hacke, ob das wohl gut geht?«
»Und was, wenn es gar nicht das Richtige ist?«
»Vielleicht ist es ja die blödeste Idee überhaupt?«

Diese Gedanken schwirrten durch meinen Kopf, als ich mich knapp einen Monat nach der Trennung entschloss, meine Koffer zu packen und den beruflichen und privaten Neustart in Hamburg zu wagen – eine Stadt, die mir immer schon gut gefallen hatte, mit der ich aber nur wenig vertraut war.

Was also, wenn sich meine Idee als absolut blödsinnig herausstellen würde? Was, wenn ich keine Wohnung finden würde, die mir gefällt? Ich hatte sehr ernüchternde Geschichten über den schwierigen Wohnungsmarkt in deutschen Großstädten gehört. Und was, wenn mir der Norden überhaupt nicht zusagte?

Die Entscheidung fühlte sich plötzlich nicht mehr befreiend an, sondern ich fühlte Druck, Unsicherheit, Zweifel. Ob die Idee mit Hamburg nun klug war oder aber nicht, dafür gab es keinerlei äußere Referenz und kein sicheres Beurteilungskriterium, die mir als eine Art Wegweiser hätten dienen können.

Wer sagt mir, was zu tun ist, wenn die Sorgen um die Konsequenzen einer möglichen falschen Entscheidung zentnerschwer auf meinen Schultern lasten? Eine schwierige Situation, für die ich kein natürliches Repertoire habe. Warte ich also lieber noch ein bisschen, bevor ich mich möglicherweise für das Falsche entscheide?

Viele hoffen, dass irgendwann der Zeitpunkt da ist, an dem es sich richtig anfühlt, ins Handeln zu kommen. Ich höre das immer wieder – in Gesprächen mit Bekannten oder in Diskussionen mit den Teilnehmern meiner Vorträge. Sinngemäß klingt das so: »Ich würde gern etwas ganz anderes machen.« Oder: »Mein eigenes Ding zu machen, das könnte ich mir gut vorstellen«. Oder: »In einem südlichen Land zu leben, das wäre der Traum.« Die Liste der Wünsche ist lang und vielfältig. Und dann kommt das berühmte Wort mit den vier Buchstaben: *aber.*

»Aber ich bin mir nicht sicher ... vielleicht ist die Idee ja doch nicht so gut ... außerdem ist die momentane Situation auch nicht wirklich optimal ... ich glaube, ich warte noch ...«

Ob es nun um die Idee geht, beruflich umzusatteln, zu kündigen und sich selbstständig zu machen oder unter südlicher Sonne zu leben – es gibt dafür keinen optimalen Zeitpunkt.

Ich kenne das. Egal, ob es darum ging, für mein Studium in die USA zu gehen – wohlgemerkt zu einer Zeit, als es noch kein Internet gab und sich alle zehntausend Fragen, die damit zusammenhingen, nicht mal eben flott online klären ließen, oder als ich mich entschloss, meinen Job in der Unternehmensberatung zu kündigen und den Sprung in die Selbstständigkeit zu wagen, oder vor Kurzem, als die Entscheidung anstand, den Neustart in Hamburg anzugehen – immer war es vom Gedanken begleitet: »Ist das der richtige Zeitpunkt? Bin ich wirklich darauf vorbereitet?«

Ich kann mir monatelang das Hirn zermartern, ob es der richtige Schritt ist, Pro-und-Contra-Listen erstellen und x Leute um Rat und Meinung fragen und am Ende mit x+1 Antworten dastehen. Was kein bisschen weiterhilft! Letztlich passiert dann ... gar nichts. Weil es sich »sicherer« anfühlt, nichts zu tun.

Du wirst dich nie so optimal vorbereitet fühlen, wie du denkst, dass du es sein solltest.

Mach es trotzdem! Probiere es!

Mach ein Experiment draus!

Mein Entschluss, Hamburg als Experiment zu betrachten, das mich einlädt, zu schauen, was geht und dabei flexibel Vorstellungen und Pläne anzupassen, entpuppte sich wieder einmal als echter Gamechanger in meinem Leben.

Warum? Weil es den Druck rausnahm! Ein Experiment bedeutet: »Nichts ist für die Ewigkeit! Ich werde es testen, und zwar befristet. Wenn es nichts taugt – kein Thema, dann habe ich es wenigstens versucht.«

Wer ein Experiment startet, erkennt an: Ich bin mir nicht sicher, ob und wie die Idee funktionieren wird. Und genau deshalb – weil ich es nicht weiß – probiere ich es.

Zu experimentieren ist allerdings nicht synonym mit einem vollkommen blauäugigen und unbedarften Herangehen an ein Vorhaben. Die folgenden drei Fragen haben mir geholfen, Klarheit zu gewinnen, *bevor* ich in das Experiment eingestiegen bin:

1. **Frage: Was will ich testen?**
   Wenn ich ein Experiment durchführe, sollte ich mir im Klaren sein: Was genau will ich überhaupt testen? Diese Frage ist wichtig, um das Experiment auswerten zu können. In meinem Fall waren es diese Fragen: Gefällt mir die Stadt? Mag ich die Mentalität des Nordens? Fühle ich mich dort wohl?

2. **Frage: Wie sieht ein Misserfolg für mich aus?**
   Es geht darum, klare Kriterien zu definieren: Was ist ein Misserfolg? Das sollte nicht erst mitten im Experiment passieren, sondern gleich zu Beginn. Warum? Dann habe ich noch einen klaren Kopf, und das Urteilsvermögen wird noch nicht durch das emotionale Investment oder die Versunkene-Kosten-Falle getrübt.
   Meine »Misserfolgskriterien«: dass ich mit der Mentalität von Stadt und Menschen nicht klarkomme. Dass ich keine Wohnung finde, die mir gefällt. Dass ich feststelle, dass ich mich in der Großstadt nicht wohlfühle.

3. **Frage: Wann soll das Experiment enden?**
   »Irgendwann« ist die schlechtmöglichste Antwort. Es geht darum, präzise zu sein. In meinem Fall waren es

sechs Monate. Das war sehr konkret und mit der Intention verbunden, einen Schlussstrich zu ziehen, wenn es erforderlich gewesen wäre. Wer hingegen ein Experiment ohne definiertes Enddatum startet, läuft Gefahr, dass das Experiment, auch wenn es hinter den zuvor festgelegten Erwartungen zurückbleibt, durchgezogen wird. Warum? Siehe oben: Das emotionale Investment und die Versunkene-Kosten-Falle erschweren oder verhindern den überfälligen Schlussstrich.

Das heißt: Kluge Experimente haben klare Parameter. Wie die genau aussehen, das definierst du. Gleichzeitig braucht es Neugier, Offenheit und die Bereitschaft, mich auf die Frage einzulassen: Was könnte passieren? Ich experimentiere mit verschiedenen Ideen und lasse eine Zukunft entstehen, indem ich herausfinde, was funktioniert und was nicht.

Mit der Superkraft des Experimentierens wird dein Leben zu deinem ganz persönlichen Labor.

Als ich nach einem halben Jahr ein Resümee zog, war das Ergebnis: Das Experiment hat funktioniert. Hamburg und ich mögen uns. Sehr sogar.

Bälle, die runterfallen

Wenn uns Umbrüche und neue Konstellationen aus den alten Routinen katapultieren, gibt es dann überhaupt noch eine Strategie, die diesen Namen verdient? Ja, die gibt es. Die kluge Strategie ist das Experiment. Ausprobieren, Versuchsballone steigen lassen, aus Fehlschlägen lernen. Der Philosoph Ralph Waldo Emerson hat es so ausgedrückt: »Das ganze Leben ist ein Experiment. Je mehr Experimente du anstellst, desto besser.« Es ist das Gegenteil von selbstzufriedenem Gesättigtsein in der Hoffnung, dass der Kelch der Veränderung an einem vorbeigehen möge.

Experimente sind durchdachte Wetten auf die Zukunft. Allerdings lässt sich der Ausgang dieser Zukunftswetten auch bei gründlichster Vorbereitung nicht vorhersagen. Wer experimentiert, stößt auf Sackgassen, Irrtümer und Fehleinschätzungen. Experimente, deren Ausgang sicher ist, sind keine. Sie werden zwar so verkauft, sind aber Etikettenschwindel.

Ohne eine hohe Toleranz für Fehlschläge lässt sich nicht experimentieren. Was allerdings nicht heißt, dass es intelligent wäre, denselben Fehler zweimal zu machen. Nicht jeder Mist ist Dünger.

Ein Beispiel: Nehmen wir an, du möchtest das Jonglieren lernen. Also Bälle in die Hand und los geht's! Du versuchst, die Bälle gleichmäßig in die Luft zu werfen und sie wieder aufzufangen. Hui, das ist ganz schön schwierig!

Als Jongleranfänger fokussierst du darauf, dass die Bälle unbedingt in der Luft bleiben sollten. »Mist, schon wieder ist einer der blöden Bälle runtergefallen!« »Verdammte Hacke, die sollen in die Luft fliegen und nicht auf dem Boden landen!« Genau das ist das Problem! Der Fokus auf »das darf nicht passieren« beansprucht einen großen Anteil der vorhandenen Aufmerksamkeit und Energie, die dann für das Lernen fehlt!

Das Gegenmittel: Gewöhne dich erst mal an das Runterfallen, bis du es nicht mehr als Misserfolg empfindest! Ohne die Angst vor den runterfallenden Bällen wird das Jonglieren deutlich einfacher.

Das ist übrigens eine Empfehlung aus dem Buch *Juggling for the Complete Klutz* (zu Deutsch: Jonglieren für Tollpatsche). Die Lektüre des Buches hat mir klargemacht, dass sich vom Jonglieren sehr viel für das Leben lernen lässt.

Der konstruktive Umgang mit den runterfallenden Bällen wurde zu meinem Leitmotiv für Hamburg. Ich musste akzeptieren, dass Wohnungen, die online richtig gut aussahen, sich als muffige Buden an lauten Straßenkreuzungen herausstellten. Oder dass Terminzusagen bei manchen Handwerkern den Charakter einer unverbindlichen Option haben, der entsprochen werden kann – oder aber nicht. Wohlgemerkt ohne Absage. Oder dass es schier endlos dauern kann, ein Möbelstück wieder abholen zu lassen, das doch nicht in die neue Wohnung passt; ich versauerte über Tage in der Warteschleife des Callcenters: »Bitte haben Sie noch ein klein wenig Geduld! Wir helfen Ihnen in Kürze weiter! Bitte haben Sie noch ein klein wenig Geduld!«

Ja, das nervt. Ja, das ist ermüdend.

Gleichzeitig hat jedes Experiment aber auch eine steile Lernkurve, wenn du dich darauf einlässt! Experimentieren geht über Debattieren.

Was wäre, wenn das mutige Experimentieren nicht nur in unserem privaten Leben auf fruchtbaren Boden fallen würde, sondern wenn auch Organisationen sehr viel stärker darauf setzen würden? Das erfordert ein Klima, in dem sich alle etwas trauen. Wenn wirtschaftlicher Erfolg aus der Erforschung des Unbekannten entsteht, brauchen Organisationen Selberdenker und Selbstermächtiger, die kalkulierte Risiken eingehen. Denn es ist beim Loslaufen einfach noch nicht absehbar, ob es nun richtig oder falsch ist, in diese oder jene Richtung zu laufen.

Wir sollten uns erst mal an das Runterfallen gewöhnen, bis wir es nicht mehr als Misserfolg empfinden!

Michael Schrage, Innovationsexperte am MIT Sloan School's Center for Digital Business, schreibt in seinem Buch *Serious Play*, dass es unmöglich ist, ein ernsthafter Innovator zu sein, wenn wir nicht bereit, willens und fähig sind, ernsthaft zu spielen. »Ernsthaft spielen« ist dabei überhaupt kein Widerspruch, sondern vielmehr das Grundprinzip des Experimentierens. »Spielen« bedeutet *nicht*, dass es an Seriosität oder Zielstrebigkeit fehlen würde. »Serious Play« steht für eine Grundhaltung, die den iterativen Prozess der Annäherung und auch falsche Abbiegungen und Sackgassen auf dem Weg zum Durchbruch einer Idee als Teil des Spiels anerkennt.

Ein Beispiel: In einer Organisation sollen sich Mitarbeitende stärker als bisher als Zukunftsgestalter einbringen und Innovationsideen entwickeln. Aber wie soll das gehen? Ganz einfach: indem ein Experiment gemacht wird. Eine Idee wird im Sinne des ernsthaften Spiels ausprobiert, gegebenenfalls nachjustiert und man schaut, was passiert.

Weil das Experiment, Mitarbeitende für die Rolle als Zukunftsgestalter zu sensibilisieren, so spannend ist, noch ein paar Sätze dazu: Wie könnte das Experiment also aussehen? Beispielsweise so wie das Vorgehen, das vom australischen Softwareunternehmen Atlassian praktiziert wird: Konkret handelt es sich um einen 24-stündigen Hackathon, der an einem Donnerstagnachmittag beginnt. Und dann heißt es: Für die nächsten 24 Stunden wird die eigentliche Arbeit beiseitegelegt, und die Leute tüfteln. Und so wie ein Express-Paketdienst die Pakete am nächsten Tag zustellt, heißt es bei diesem Hackathon: *ShipIt* – am nächsten Tag wird geliefert. Konkret bedeutet das: Am Freitag um 16 Uhr ist *»delivery«* – und zwar nicht für vage Pläne, sondern für kleine Prototypen, die dann in großer Runde vorgestellt werden. Die besten Ideen werden gleich im Anschluss ausgewählt. Weil sich der *ShipIt-Day* für Atlassian als erfolgreich erwiesen hat und zu einer großen Zahl an neuen Lösungen sowie Verbesserungen bestehender Leistungsangebote geführt hat, ist er fester Bestandteil der Arbeitskultur geworden.

Wer jetzt beim Lesen denkt: Coole Sache, probiere ich auch aus – fein, das ist genau der richtige Weg. Mein Vorschlag: Ihr verständigt euch im Team darauf, dass drei oder vier *ShipIt-Days* (oder wie auch immer ihr das nennen wollt) im Abstand von drei Monaten durchgeführt werden, um zu sehen, ob es funktioniert. Eventuell bemerkt ihr nach der ersten Durchführung, dass die vierteljährliche Taktung zu lang oder zu kurz ist. Vielleicht stellt ihr fest, dass der Kreis der Teilnehmenden ausgeweitet oder vielleicht auch limitiert werden sollte.

Was auch immer es ist – es ist Bestandteil der Lernkurve. Und wenn ihr dann nach drei- oder viermaliger Durchführung zur Überzeugung gelangt, dass es eine super Sache ist, dann verstetigt es! Andernfalls war es einen Versuch wert, der dann wieder ad acta gelegt wird.

Sich was zu trauen – dafür sind praktisch alle. Allerdings: Reden ist nicht Handeln.

Das klingt logisch, *aber* ... Kaum jemand verbucht einen misslungenen Versuch unter Lernerfahrung.

In vielen Organisationen hätte die Geschichte, die über Henry Ford erzählt wird, den Charakter eines Treppenwitzes. Die Geschichte geht so: Ford soll die Kündigung eines Managers, der mit seiner vorschnellen Entscheidung dem Unternehmen Schaden zugefügt hatte, mit den Worten abgelehnt haben: »Sind Sie wahnsinnig? Wir haben soeben eine Million Dollar in Ihre Ausbildung investiert!«

Schöne Story, die dem Realitätscheck in den meisten Organisationen nicht standhält. Etwas auszuprobieren, was Zeit und Ressourcen verschlingt und sich als Sackgasse herausstellt, ist stigmatisiert. Es ist unattraktiv. Es ist nicht gewollt.

Gleichzeitig hat es sich in vielen – jedoch noch lange nicht in allen – Führungsetagen herumgesprochen, dass nichts innovationsfeindlicher ist als Angst. Eine Organisation, in der sich niemand mehr etwas traut, ist wettbewerbstechnisch gesehen tot.

Warum klafft eine so hartnäckige Lücke zwischen Anspruch und Realität? Der Aufstieg der Null-Fehler-Kultur ist eng mit dem Industriezeitalter verwoben. Doch was in der Massenfertigung ein probates Ziel ist, wird ein dickes Problem, wenn es um die Suche nach neuen Ideen und Lösungen geht. Wer Neues sucht, muss experimentieren, ausprobieren und ausgetrampelte Pfade verlassen. Auch auf die Gefahr hin, dass mal was schiefgeht ...

Und genau in diesem Dilemma bewegen wir uns: Einerseits heißt es: »Seid mutig! Bewegt euch aus der Komfortzone und wagt Neues!« Aber wehe, jemand tut das, und der Versuch misslingt!

Sich was zu trauen – dafür sind praktisch alle. Allerdings: Reden ist nicht Handeln. Für eine echte und tragfähige Kultur des Experimentierens, die diesen Namen auch verdient, reicht es dann doch nicht. Die mit Abstand beliebteste Sportart beim Umgang mit Fehlschlägen ist der ausgestreckte Suchfinger:

»*Wer* hat das versemmelt?«

»*Wer* trägt die Schuld?«

Wenn aber die Schuldfrage im Vordergrund steht, dann werden Menschen alles tun, um sich diese »Schuld« erst gar nicht aufzuladen. Warum auch? Menschen sind nicht blöd. Ganz im Gegenteil: Sie verhalten sich stets systemintelligent – passen sich also dem Umfeld und dessen Gepflogenheiten an. Wenn also klar ist, dass sie nur verlieren können, wenn sie sich mit einer mutigen Idee nach vorn wagen, lassen sie die Finger davon.

In der Konsequenz passieren drei Dinge:

1. Menschen halten »den Ball flach«. Die Quersumme des Leitsatzes in den Büros und Werkshallen lautet: Wer tut, was er oder sie schon immer getan hat, kann nicht an den Pranger gestellt werden. »Neues vorantreiben? Ich bin doch nicht verrückt! Risiken eingehen? Nicht mit mir!« Erst erstarren die Mitarbeitenden, die sich hüten, mit neuen Ideen zu kommen. Dadurch erstarrt die Abteilung oder der Bereich und schließlich die gesamte Organisa-

tion, die sich vor den Konsequenzen des mutigen Ausprobierens fürchtet wie ein Tour-de-France-Fahrer vor der Dopingkontrolle.

2. Wenn dann doch jemand den Mut aufbringt und eine neue Idee vorantreibt, wird beim misslungenen Versuch ein Großteil der Energie dafür verschwendet, die »Schuldfrage« zu klären – und die Beschuldigten verschwenden ihre Energie damit, sich zu rechtfertigen. Arbeit an der Zukunftsfähigkeit der Organisation? Fehlanzeige!
3. Für die Behebung der Ursache des Fehlschlags und das Lernen daraus bleibt somit wenig bis gar keine Energie übrig – wenn überhaupt, wird ein bisschen an den Symptomen herumgedoktert.

Die Antwort liegt nicht darin, dass bei jedem fehlgeschlagenen Experiment eine Jubelarie ertönen sollte. Aber das Pendel ist zu weit ausgeschlagen. Viele Organisationen schielen zu sehr auf die Risikovermeidung – und verhindern damit aktiv das mutige Ausprobieren und Experimentieren. Wirklich grotesk wird es dann, wenn sich die Führungsriege über den mangelnden Willen der Leute beklagt, mit neuen Ideen zu kommen: Willkommen in Absurdistan.

Feehler

Bei einem fehlgeschlagenen Experiment ist es richtig, sehr genau auf das, was nicht funktioniert hat, zu schauen: Was können wir daraus lernen, sodass sich die Sache nicht wiederholt? Das ist wiederum dic Voraussetzung für das so wichtige Lernen und den damit einhergehenden Fortschritt.

In diesem Zusammenhang ist es wichtig, **Fehler** und **Fehlschläge** zu differenzieren. Deshalb eine Begriffsklärung.

- Ein **Fehler** ist eine Abweichung von einem erwarteten oder gewünschten Zustand; der Ist-Wert stimmt nicht mit dem zuvor als richtig definierten Zustand (Soll-Wert) überein.
- Ein **Fehlschlag** bedeutet, dass immer dann, wenn wir experimentieren und Neues wagen, eines sicher ist: Zwischendurch fallen wir auf die Nase. Oft mehr als einmal. Aber auch, wenn wir zwischendurch auf die Nase fallen – früher oder später werden wir Erfolg haben. Garantiert. Vorausgesetzt, wir probieren und experimentieren trotzdem immer weiter! Fehlschläge sind die natürlichen Begleiter auf dem Weg zum Erfolg.

Diese Unterscheidung zu verinnerlichen, ist enorm wichtig. Die pauschale Aussage, dass Fehler erwünscht sind, ist Quatsch!

Fehler im Sinne der obigen Definition sollten *nicht* passieren. Oder möchtest du dich in ein Flugzeug einer Airline setzen, bei der es heißt: »Bei uns darf man Fehler machen«? Wenn es um die Sicherheit für Leib und Leben geht, sind Experimente die blödeste Idee überhaupt. Ebenso würde niemand mit einem ausreichenden Vorrat an Hirnzellen die Ansage in der Produktion machen: »Fehler sind cool.« Wenn es um die massenhafte Produktion geht, sind Abweichungen von der Norm unerwünscht und sollten vermieden werden. Eine Maschine produziert zigtausend Einheiten pro Stunde – eine falsche Einstellung oder eine Nachlässigkeit kann dazu führen, dass die gesamte Produktion zunichtegemacht wird.

In beiden Beispielen geht es um höchste Präzision und Zuverlässigkeit sowie die damit verbundene punktgenaue Einhaltung von Prozessschritten und Vorgaben. Dann wäre es absolut hirnrissig, darauf zu pochen, dass »bei uns Fehler gemacht werden dürfen«.

Immer dann, wenn es viel zu gefährlich und/oder zu teuer wäre – dann sind Fehler ein No-Go! Wenn es also eine sinnvolle Regel gibt, dann muss sie auch eingehalten werden.

Wer nur das macht, was er schon immer gemacht hat, weil er Angst hat, auf die Nase zu fallen, der verkennt, dass er so ein viel größeres Risiko eingeht.

Wenn es allerdings um das Erschließen neuer Horizonte mithilfe neuer Ideen geht, dann kennen wir noch nicht alle Faktoren, die den Erfolg oder Misserfolg beeinflussen. Dann liefert erst das Ausprobieren die Antwort. Dann sind Fehlschläge, Irrtümer und Misserfolge natürliche Wegmarken auf der Suche nach neuen Lösungen. Dann kann es keine Ist- und Soll-Wert-Vorgaben geben, weil beides unbekannt ist. Dann ist das Experiment, das misslingt, kein Fehler. Es hat bloß nicht das gewünschte Ergebnis gebracht!

Alles Innovative ist an Irrtümer gebunden, an Misserfolge – aber nicht an den Fehler. Die vielen gescheiterten Projekte sind notwendige Voraussetzung für den einen Erfolg.

MEINE ERKENNTNIS: Seid mutig!
Probiert viele Ideen aus, damit eine funktioniert!
Es nicht zu probieren – das wäre ein Fehler.

Was wir hierzulande dringend brauchen, ist eine kluge Differenzierung zwischen dummen Fehlern, aus denen wirklich keiner etwas lernen kann, und produktiven Fehlschlägen, die gemacht werden, weil wir neue Ideen ausprobieren und vorantreiben. Auf Letztere sollten wir lernen, stolz zu sein!

Bei einer Fehlerkultur – wobei *Lernkultur* der bessere Begriff ist – geht es also um den intelligenten Umgang mit Fehlschlägen und die Abkehr von der Unsitte, über das, was misslungen ist, nicht zu sprechen. Um das umzusetzen, sind zwei Schritte erforderlich:

1. **Schritt: Fehler differenzieren!**
Während die meisten Mitarbeitenden wissen, was ein Erfolg ist, und den auch benennen können, fällt es ihnen häufig schwer, überhaupt zu erkennen, was ein intelligenter Fehlschlag im Zusammenhang mit Experimenten ist. KPIs runterbeten – kein Problem. Aber Fehlschläge? Die fühlen sich *immer* schlecht an.
Darum ist es wichtig, in einer Organisation darüber zu sprechen, was »intelligente« Fehlschläge sind. Also die Art von Irrtümern und Fehleinschätzungen, die notwendig, lehrreich, wertvoll und erwünscht sind. Und andererseits gilt es zu kapieren, was »dumme« Fehler sind: Das sind jene Fehltritte und Unterlassungen, die schlicht gefährlich, teuer, sinnlos und unbedingt zu vermeiden sind. Die Frage ist also: Bei welcher Sorte Fehlschläge klopft man dir auf die Schulter? Beispielsweise bei einer neuen Idee, die in Sachen Kundenansprache über die Sozialen Medien ausprobiert wurde, die sehr gut ausgedacht und geplant war, sich dann aber im Test als nicht zielführend herausstellt. Genau solche wertvollen, sinnvollen, lehrreichen Fehlschläge sollten dann in der gesamten Organisation kommuniziert werden.
Es geht also darum, eine verständliche Grenze zu ziehen und über Fehlschläge zu sprechen. Vier Fragen, die dabei helfen:
- Was genau macht einen Fehlschlag in unserer Organisation zu einem »cleveren Fehlschlag«?
- Was hingegen sind »dumme Fehler«, die im Kontext unseres Handelns nicht passieren sollten?
- Wie gehen wir mit den Risiken um, die mit jedem Experiment verbunden sind?
- Welche Beispiele gibt es in unserer Organisation für »clevere Fehlschläge«?

2. **Schritt: Clevere Fehlschläge belohnen!**
Das ist eine sehr wirksame und nachhaltige Botschaft an alle Mitarbeitenden, die unterstreicht, welches Verhalten erwünscht und gewollt ist. Mit »belohnen« meine ich nicht Boni oder Prämien – sehr viel wirksamer ist soziale Anerkennung.
Ein prägnantes Beispiel kommt vom indischen Mischkonzern Tata: Im Rahmen des firmeneigenen Innovista-Programms werden dort jährlich die besten Innovationen und die smartesten Fehlschläge ausgezeichnet. Letztere werden mit dem sogenannten Dare-to-try-Award prämiert.
Im Jahr 2007, dem ersten Jahr dieser Idee, gab es in dieser Kategorie gerade mal zwölf Teams, die sich um den Dare-to-try-Award beworben haben. Aber dann kam der Moment, der sehr viel in Bewegung brachte: Ratan Tata, der damalige CEO, kam auf die Bühne und gratulierte den Gewinnern des Innovationspreises ebenso wie den Gewinnern des Dare-to-try-Awards. Beides in einem Zug. Er stellte damit die smarten Fehler symbolisch mit den Erfolgen auf eine Stufe. Das ist eine mächtige Botschaft!
Jahre später ist die Zahl der Teams, die sich um diesen Preis bewerben, mehr als vierzehn Mal so hoch! Die Auszeichnung mit dem Dare-to-try-Award hat enorm dazu beigetragen, dass sich die Wahrnehmung der »cleveren Fehlschläge« im Unternehmen gewandelt hat.

Fragen und irren, lernen und dann wieder von vorn – das ist die Voraussetzung für Fortschritt.

Warum die Sache mit der sozialen Anerkennung, die Tata nutzt, so wirksam ist, zeigt sich auch im Erfolg der FuckUp-Nights: Dieses Konzept ist so beliebt, dass die offizielle Webseite inzwischen Ableger in über 300 Städten in insgesamt 90 Ländern listet.

Bei der FuckUp-Night stellen sich Menschen auf die Bühne und berichten offen und ungeschönt davon, wie sie ihren Job an die Wand gefahren haben, als Gründer gescheitert sind oder in ihrem Leben eine Bauchlandung gemacht haben. Und sie erklären, welche Lehren sie daraus gezogen haben. Dass Menschen sich trauen, so offen über ihre Fehlschläge zu sprechen, wird vom Publikum beklatscht, als wären sie Rockstars.

Diese Idee zieht weitere Kreise: Inzwischen hat dieses Format auch Einzug in Unternehmen gehalten, wo Mitarbeitende vor ihren Kollegen und Kolleginnen über Pleiten, Pech und Pannen sprechen. Die Wechselwirkung ist klar: Niederlagen, Irrtümer und Fehlschläge zu enttabuisieren, ist dringend erforderlich und gerade im deutschsprachigen Raum so wichtig, weil es eben immer noch heißt: »Über Pleiten und Pannen sprechen wir nicht.«

Gerade deshalb plädiere ich beim Thema Fehlschläge für mehr Offenheit. Denn wenn alle nur immer über Erfolge sprechen und Misserfolge scheinbar gar nicht passieren, entsteht ein extrem verzerrtes Bild der Wirklichkeit. Der einzelne Fehlschlag erscheint dann wie ein Weltuntergang.

Natürlich sollten Organisationen, die den Mut zu Experimenten in den eigenen Reihen stärken wollen, für möglichst gute Rahmenbedingungen sorgen. Dazu zählt eine klare Strategie im Sinne von: Was wollen wir erreichen, wo soll die Reise hingehen? Und dann heißt es: Ideenfindung – Prototyping – Reality Check – Nachjustierung – und wieder von vorne ... Sehr schnell, sehr flexibel, sehr nah am Anwender oder Kunden.

Aber unter dem Strich bleibt es dennoch mühsam. Es braucht viele Versuche, von denen eine Mehrheit ins Leere läuft. Das ist der Preis des Erfolgs.

Die Natur ist ein gutes Beispiel: Wer unter einer Eiche steht, sieht, dass der Boden voller Eicheln ist. Effizienzgepolte Zeitgenossen fragen sich natürlich: »Warum verschwendet dieser Baum bloß so viel Energie? Die meisten Eicheln keimen doch nie!«

Ja, das ist so. Die Eiche weiß nicht, wo der fruchtbare Boden ist und wo sie auf die richtige Kombination aus Erde, Feuchtigkeit und Nährstoffen trifft. Also bedeckt sie den Boden mit Eicheln, obwohl die meisten gar nicht keimen.

Übertragen auf Organisationen bedeutet das, mit möglichst geringem Kostenrisiko kontinuierlich in Experimente zu investieren. Und dann zu sehen, was »keimt« und was nicht.

Amazon-Gründer Jeff Bezos sagt dazu: »Unser Erfolg ist eine direkte Folge der Anzahl der Experimente, die wir jedes Jahr, jeden Monat, jede Woche, jeden Tag machen.« Bei Amazon ist der Friedhof der gescheiterten Ideen zum Bersten voll. Ebenso bei Google und bei anderen Unternehmen, die extrem innovativ und mutig sind.

In anderen Worten: Das Experiment ist eine Suchstrategie. Niemand weiß im Voraus, wo der fruchtbare Boden ist – und wo nicht.

Hinzu kommt: Die Eichel, die keimt, braucht auch immer ein Quäntchen Glück, gerade an der richtigen Stelle gelandet zu sein, vielleicht auch ein bisschen »Rückenwind«, der sie beim Herunterfallen an die Stelle trägt, wo der fruchtbare Boden ist, sowie das richtige Timing. Wenn sie im Winter auf dem gefrorenen Boden landet, hilft ihr das nicht weiter.

Übertragen auf die Welt der Wirtschaft: Trotz der allerbesten Planung lässt sich der Erfolg nicht sicher prognostizieren. Auch hier spielen Timing, Rückenwind und fruchtbarer Boden eine entscheidende Rolle – und das alles lässt sich nicht beeinflussen. Die Mikrowelle ist so ein Beispiel. Sie wurde bereits in den 1940er-Jahren erfunden. Die Idee, Lebensmittel mithilfe von Mikrowellenstrahlung zu erwärmen, ist brillant. Aber dennoch dauert es weitere vierzig Jahre, bis sie ihren Durchbruch feiern konnte. Der Erfolg stellte sich in den 1980er-Jahren ein, als die Idee der Fertigmahlzeiten immer populärer wurde und die Zahl an Single-Haushalten stieg.

Wer also in den 1950er- oder 1960er-Jahren mit der Idee experimentierte, die Mikrowelle in die Haushalte einzuführen, wurde enttäuscht. Für den einzelnen Unternehmer oder die einzelne Unternehmerin, die auf eine Idee setzt, für die die Zeit einfach noch nicht reif ist, bedeutet solch ein Misserfolg eine ziemliche Katastrophe.

Deshalb ist Prototyping eine so gute Idee. Wobei »Prototyp« im weitesten Sinne auch ein neuer Prozess oder eine neue Vorgehensweise sein kann. Die Idee dahinter: Es ist noch nicht bergeweise Geld und Energie darin versenkt worden, etwas bis zur Marktreife zu entwickeln – nur um dann festzustellen, dass das Timing nicht stimmt. Sondern sehr viel früher im Ideenstadium anzusetzen und die Idee vorzuzeigen. Warum das clever ist, leuchtet ein: Wenn etwas sichtbar und erlebbar ist, können Menschen darauf reagieren, Feedback geben und Verbesserungsvorschläge machen.

Kaum jemand beherrscht das so gut wie Ideo. Das Unternehmen ist eine weltweit tätige Design- und Innovationsberatung und gilt als einer der Pioniere des Human Centered Design. Wer die Unternehmenszentrale in Palo Alto besucht, kann eine Ausstellung von Objekten vergangener Projekte besichtigen. Dort steht ein großer transparenter Behälter voller Plastikteile, die alle entfernt an eine Computermaus erinnern. Des Rätsels Lösung: Es sind alles Prototypen der Computermaus.

Die Ausstellung der Fehlversuche verdeutlicht ein wichtiges Prinzip: Wir können viel Zeit und Energie in die Suche nach dem bestmöglichen Ergebnis stecken. Oder wir schrauben fünf oder sechs Prototypen zusammen, lassen sie auf die potenziellen Anwender los und schauen, welche Reaktionen kommen.

Dann nehmen wir das Feedback und entwickeln den nächsten Prototypen. »Bei der raschen Produktion von Prototypen geht es darum, zu handeln, ohne alle Antworten zu kennen. Es geht darum, Chancen beim Schopf zu ergreifen, sich vorwärts zu bewegen, hin und wieder ein wenig zu stolpern und schließlich doch ans Ziel zu gelangen«, sagt Tom Kelley, einer der bekanntesten kreativen Köpfe von Ideo.

Die Sache mit dem Mindset

Die Offenheit für Experimente ist eine Geisteshaltung, für die wir uns entscheiden müssen. Die Zutaten: Pioniergeist plus Entdeckungsfreude plus Mut zum Risiko. All das lässt sich nicht durch Seminare, Arbeitskreise oder andere Rituale der Angestelltengesellschaft heraufbeschwören, sondern entsteht dort, wo mutige und engagierte Menschen gemeinsam Neues vorantreiben wollen.

Daraus ergeben sich folgende Fragen für Unternehmen:

- Wer wird gefeiert? Daumen hoch, wenn jemand mutig experimentiert – oder Daumen runter?
- Wird das Experimentieren als ineffizient eingestuft? Oder als Herzschlag der Zukunftsfähigkeit?

Die Reaktion offenbart die Kultur einer Organisation – und letztlich auch das ganz persönliche Mindset der Führenden: Ist das Experimentieren nur ein Lippenbekenntnis – oder wird es tatsächlich gelebt, geschätzt und gefeiert? Gilt die Zukunftsfähigkeit als eines der wichtigsten Ziele – oder wird sie lebendig begraben unter operativem Kleinklein, Risikoaversität und Regelungswut?

Dazu gehört das, was ich weiter oben erläutert habe: dem Fehlschlag, dem Misslingen das Stigma nehmen. Es klingt wie eine Glückskeksbotschaft, aber es stimmt: Durch Misserfolge werden wir klug.

Die Enttabuisierung stärkt wiederum den Mut und die Bereitschaft der Menschen, ins Risiko zu gehen und Neues voranzutreiben. Und das wiederum zahlt ein auf die Zukunftsfähigkeit. Dazu gehört zwingend die Bereitschaft, die lange Reihe an misslungenen Experimenten zu ertragen, die notwendig ist, um Zukunft zu kreieren. Anders ausgedrückt: Der Wunsch nach Experimenten, die garantiert gelingen, ist ebenso paradox wie der Wunsch, in den Himmel zu kommen, ohne vorher sterben zu müssen.

Es klingt wie eine Glückskeksbotschaft, aber es stimmt: Durch Misserfolge werden wir klug.

Das ist übrigens eine Erkenntnis, die einem wissenschaftlich Forschenden nicht erklärt werden muss. Wenn ein Wissenschaftler ein Experiment durchführt, dann stützen manche Ergebnisse die Hypothese, manche widerlegen sie. Und manchmal kommt überhaupt kein Ergebnis raus, was auch schon wieder ein Ergebnis ist, weil es schlussendlich zu einer Antwort auf die Ausgangsfrage führt.

Für einen Wissenschaftler ist ein Experiment, das nicht das erhoffte Ergebnis gebracht hat, kein Beleg dafür, dass er oder sie unqualifiziert oder gar unfähig wäre. Im Gegenteil! Herauszufinden, dass eine Hypothese falsch ist, ist mindestens so wertvoll, wie herauszufinden, dass sie richtig ist. Anders ausgedrückt: Fehlschläge sind Informationen, die helfen, die richtige Antwort zu finden.

Ein missglückter Versuch hat also nichts mit dir als Person zu tun! Ein fehlgeschlagenes Experiment, das bist nicht du. Aber: Ein geglücktes Experiment, das bist ebenfalls nicht du! Das alles sind Informationen, die dir helfen, zu wachsen und für das nächste Experiment besser gerüstet zu sein.

Wichtig ist, im Alltag über die Lerneffekte zu sprechen, die sich aus dem ergeben, was nicht gut gelaufen ist. Wie wäre es, dein wöchentliches Teammeeting mit folgendem Statement zu beginnen: »Das habe ich letzte Woche versemmelt – und das habe ich daraus gelernt«?

Das Anti-Bequemlichkeits-Rezept

Ich respektiere die Menschen am meisten, die reichlich Erfahrung im Misslingen und Scheitern haben. Es erfordert Charakter, sich nach einem fetten Misserfolg wieder aufzurappeln, einen ungeschönten Blick auf sich selbst zu werfen und die notwendigen Lehren daraus zu ziehen.

Es ist immer eine Wette: Niemand weiß im Voraus, wie der Versuch ausgehen wird. Die Chancen, das zu bekommen, was du dir erhoffst, stehen vielleicht 50 zu 50. Wer aber aus Angst vor dem möglichen Misserfolg erst gar nichts riskiert, kann sich zu 100 Prozent sicher sein, es *nicht* zu bekommen.

So gesehen steckt in jedem Experiment das Risiko, etwas zu verlieren – aber eben auch die Chance, etwas zu gewinnen. »Wenn alle deine Experimente im Leben verlaufen wie erhofft, hast du dich wahrscheinlich nicht genug gefordert. Möglicherweise hättest du andere Leben führen können, hättest du mehr gewagt«, schreibt der Managementphilosoph Charles Handy. So ist es.

Wichtige Lektionen, die ich gelernt habe, sind auf unerwünschte Experiment-Ergebnisse zurückzuführen – sie haben mein Leben immer wieder in neue Bahnen gelenkt. Und noch etwas habe ich gelernt: Es gibt keine Sicherheit im Leben! Okay, das stimmt nicht ganz: Es gibt eine Sicherheit – und die liegt irgendwann in einer zwei Meter langen Kiste aus Holz unter der Erde.

Aber alles, was »über der Erde« liegt – also das Leben –, ist mit Unsicherheit behaftet. Wer das partout nicht anerkennen will und nach fiktiver Sicherheit strebt, zahlt dafür einen hohen Preis. Solch ein Leben hinterlässt das schale Gefühl: Hätte ich doch bloß … so viele ungenutzte Chancen … wäre ich bloß mutiger gewesen.

Irgendwo habe ich mal diesen Satz gelesen: *Don't fear failure so much that you refuse to try new things. The saddest summary of a life contains three descriptions: could have, might have, and should have.*

Das, was nie geschehen konnte, weil du es nur erträumt, aber nicht getan hast – oder es verworfen hast, weil dir der Preis zu hoch erschien –, das ist endgültig vorbei. Es bleibt nichts außer dem schalen Gefühl einer großen und ungenutzten Chance.

Als ich mich entschloss, meinen Job zu kündigen und für mein MBA-Studium in die USA zu gehen, hörte ich von den Menschen, denen ich von meinen Plänen erzählte, immer wieder dieselbe Leier: Nach einem kurzen »Oh wow, finde ich mutig« kam dann: »Ich habe auch mal darüber nachgedacht, in einem anderen Land zu leben. Die USA, das hätte mich auch gereizt. Aber na ja, das Haus war gerade fertiggebaut, und die Kinder waren klein – außerdem war mein Englisch nicht so gut …«

Ja, es ist die Angst vor dem Unbekannten, die viele davon abhält, Veränderungen zu riskieren. Wer weiß, ob das funktioniert? Wenn ich bleibe, wo ich bin, weiß ich wenigstens, was ich habe. Aber dummerweise sind es gerade die neuen *und* unbequemen Dinge (in genau dieser Kombination!), die uns als Person voranbringen und reifen lassen.

Ich liebe diesen Satz von William Shakespeare: »Unser Schicksal hängt nicht von den Sternen ab, sondern von unserem Handeln.« Eine Haltung, die ich sehr hilfreich finde, um ins Handeln zu kommen, lässt sich in diesen zwei Sätzen verdichten:

Dieses Leben ist (vermutlich) das einzige, das du hast.
Also, worauf wartest du?

Das muss nicht der Umzug nach Übersee sein. Ein guter Anfang wäre schon, sich immer mal wieder im täglichen Leben aus der Komfortzone herauszuholen.

Eine alltagspraktische und sehr wirksame Frage, die eine grandiose Therapie gegen die eigene Bequemlichkeit ist: »Was kann ich tun, was ich so noch nie getan habe?«

Das ist eine Frage, die es in sich hat! Hand aufs Herz: Wann hast du zuletzt etwas getan, mit dem du dich selbst überrascht hast? Etwas, das dich aus alten Routinen rausgebracht und Platz für Neues geschaffen hat – neue Eindrücke, ungewohnte Inspiration, unkonventionelle Impulse?

Wir hören ja nicht auf, weil wir alt werden; wir werden alt, weil wir aufhören.

Mein Anti-Bequemlichkeits-Rezept: immer mal wieder ein Buch oder ein Magazin lesen, das nicht in mein vertrautes Lesemuster passt. So kam übrigens Edith Eva Egers Buch *In der Hölle tanzen* in mein Leben. Was für ein Verlust wäre es gewesen, dieses Buch nicht zu lesen – und zwar nur deshalb, weil Biografien nicht zu meiner üblichen Lektüre gehören.

Eine weitere Sache, die sich für mich als horizonterweiternd herausgestellt hat: immer mal wieder einen neuen Sportkurs auszuprobieren. So habe ich Balantino kennengelernt, ein Training, das Musik und Tänze der Karibik mit Ballett- und Yogaelementen kombiniert. Allerdings hat mir mein Experiment gezeigt, dass ich in diesem Genre nicht gut aufgehoben bin – ganz einfach deshalb, weil ich mir die Schrittfolge der einzelnen Elemente nicht merken kann. Das Gaba-Level in meinem Gehirn ist schuld. Das ist kein Witz! Bei Gaba handelt es sich um einen speziellen Hirnbotenstoff, der eine Schlüsselrolle beim Lernen von Bewegungsabfolgen und Tanzschritten spielt. Prima, dass die Wissenschaft auch solche Themen untersucht und ungelenke Balantinistas wie mich mit einer einleuchtenden Erklärung versorgt ... Würde ich deswegen aufhören, neue Sportarten auszuprobieren? Niemals!

Was ich jedoch immer wieder beobachte, ist, dass bei vielen mit dem Alter die Lust abnimmt, lernbereit und neugierig zu bleiben. Das ist schade, denn mit steigender Lebenserwartung und einer immer besseren Medizin haben wir die Chance, auch im hohen Alter noch mitten im Leben zu stehen. Ein Satz, der für mich die Qualität eines Erleuchtungssatzes hat: Wir hören ja nicht auf, weil wir alt werden; wir werden alt, weil wir aufhören.

Es gibt immer etwas zu lernen. Wenn wir uns jeder Herausforderung verweigern, werden wir sehr schnell alt im Kopf. Es sind gerade die Herausforderungen, Krisen und Katastrophen des Lebens, die die wichtigen Lektionen enthalten. Anstatt sich vor ihnen zu verstecken, sollten wir uns in diese Lehrstunden des Lebens hineinlehnen und sie genau ansehen.

Deshalb liebe ich die Aussage der Völkerkundlerin Margaret Mead. Auf der Party zu ihrem 75. Geburtstag im American Museum of Natural History – in dem Museum arbeitete sie zu diesem Zeitpunkt seit 50 Jahren – sagte sie: »Früher oder später werde ich sterben, aber ich werde nicht in den Ruhestand gehen.« Diese Aussage unterschreibe ich voll und ganz. Nun gut, ich habe noch ein paar Jährchen bis zum 75sten, aber der Satz hat dennoch einen herausgehobenen Platz in meiner Lieblingszitate-Sammlung.

Ein weiteres eindrucksvolles Beispiel für die Energie, die in einer solchen Haltung steckt, war der kürzlich verstorbene frühere US-Außenminister und Diplomat Henry Kissinger. Selbst mit 100 Jahren pendelte er noch zwischen New York und Washington, besuchte Xi Jinping in China und war beim Thema künstliche Intelligenz auf der Höhe der Zeit. Er soll einmal bemerkt haben: »Nächste Woche kann es keine Krise geben.

Mein Terminkalender ist bereits voll.« Rumms, dieser Satz sitzt!

Ich verneige mich vor dieser Haltung. Bravo, Henry!

Für alle, die noch nicht 75 oder sogar 100 Jahre alt sind, gilt: Das Geheimnis, im Kopf und im Herzen jung zu bleiben, besteht darin, sich immer wieder bewusst auf Neues einzulassen und Experimente zu wagen. Sich förmlich in das tastende und erkundende Ausprobieren zu verlieben.

Deshalb: Such Erlebnisse außerhalb deiner Komfortzone. Nicht nur als Absichtserklärung, sondern tu es! Beispielsweise, indem du auf Reisen gehst in fremde Länder und Orte und diese Ziele dann auf eigene Faust erkundest. Ja, das ist nicht bequem und erfordert Improvisationstalent – Zugfahrpläne in manchen Ländern Zentralamerikas gleichen eher unverbindlichen Absichtserklärungen, wie ich feststellen musste. Und in Südostasien gibt es große Spinnen mit langen behaarten Beinen. Eine schlaflose Nacht unter einem löchrigen Moskitonetz und dem Wissen, dass ein solches Teil an der Decke sitzt, wird mir ewig in Erinnerung bleiben. In Zentralafrika gibt es reichlich Kriege, in Mexiko sind es die Drogen – die Welt kann ein unsicherer Ort sein. Aber wer nur immer auf Nummer sicher geht und nie die eigene Komfortzone verlässt, dem wird sehr viel von der Schönheit der Begegnung mit anderen Menschen und dem sich Einlassen auf andere Kulturen verborgen bleiben.

Oder probiere eine völlig andere Art von Urlaub – Rucksack, Camping, Hiking, Airbnb, Tauchen, Angeln. Lerne eine neue Sprache. Probiere ein neues Hobby aus. Suche dir einen Sparringspartner, der deutlich älter oder jünger ist und einen ganz anderen Hintergrund oder Lebensweg hat als du und sprich mit ihr oder ihm über die Fragen des Lebens.

Die Leinen werfen, den sicheren Hafen verlassen und den Wind in den Segeln fangen. Schöner kann man es nicht ausdrücken, finde ich. Danke, Mark Twain.

Das Leben ist eine Entdeckungsreise, an deren Anfang immer die Verlustangst steht. Sich anzufreunden mit dem Aufbruch ins Unbekannte und der Notwendigkeit, die Leinen zu werfen, damit Neues beginnen kann, ist der Weg, damit sich der Wind in den Segeln verfangen kann.

»Also wirf die Leinen und segle fort aus deinem sicheren Hafen. Fange den Wind in deinen Segeln. Forsche. Träume. Entdecke.«
Mark Twain

So paradox es klingt: Wer loslässt und den Aufbruch wagt, verschafft sich deutlich mehr Stabilität in seinem Leben. Diese Erkenntnis hat mein Leben ungeheuer positiv verändert und zu meiner Überraschung war der Akt des Loslassens und Fortsegelns aus dem sicher geglaubten Hafen dann gar nicht mehr schlimm. Ganz im Gegenteil. Loslassen und auf Entdeckungsreise gehen – das ist das größte Geschenk des Lebens.

XI.
Nachwort:
Eine Meditation

Hamburg, 3. November 2023

In der vergangenen Nacht ist ein Sturmtief über Hamburg hinweggefegt. Kräftige Böen und Dauerregen, der die ganze Nacht an mein Fenster prasselte.

Jetzt ist es kurz nach fünf, und ich bin hellwach. Ich stehe auf, ziehe mir einen dicken Pullover an und warme Socken. Der Boden auf dem Weg vom Schlafzimmer ins Arbeitszimmer ist kalt. Mit einer Wolldecke um die Schultern setze ich mich auf mein Kissen. Ich schließe die Augen und atme bewusst. Drei, vier, fünf achtsame Atemzüge.

Den Beginn der Meditation verbinde ich mit einem Check-in: »Wie geht es mir heute?« An diesem grauen Novembermorgen merke ich, dass ich diese Frage gar nicht mit einem einfachen »gut« oder »weniger gut« beantworten kann. Irgendetwas hat sich in mir verändert. Vielleicht war es schon länger da – und ich nehme es erst jetzt wirklich wahr. Es ist der Blick auf mich selbst. Er ist ganzheitlicher geworden. Wie durch ein Weitwinkelobjektiv sehe ich jetzt das, was zuvor gar nicht in meinem Sichtfeld lag: meine innere Erfahrungswelt.

Im Zuge meiner inneren Arbeit, meiner Retreats und Kontemplationen ist meine Selbstwahrnehmung tiefer und intensiver geworden. Gleichzeitig gelingt es mir besser, in die Beobachterinnenposition zu gehen, von der aus ich meine Gedanken und Empfindungen betrachten kann, ohne mit ihnen völlig identifiziert zu sein.

Das ist eine Abkehr vom Modus Operandi, der lange Zeit mein Leben bestimmt hat. Mein Blick war fokussiert auf Ziele, Projekte, Geschwindigkeit und Effizienz – auf all das, was in unserer Leistungsgesellschaft mit Blick auf den Menschen im Zentrum der Betrachtung steht: Bist du produktiv oder unproduktiv?

Das ist auch eine Folge der Sozialisation. Mein Denken und

Handeln war geprägt von der Normalität in großen Konzernen und von der Arbeit in einer internationalen Unternehmensberatung, wo Effizienz, Rationalität und Produktivität zum Wertekanon des Managements zählen.

Dieses Denken prägt. Es ist kein Zufall, dass Kontemplation und Meditation in unserem Kulturkreis immer noch zu den Begriffen gehören, die bei vielen Zeitgenossen Irritation auslösen. Den Geist zur Ruhe bringen? In die Innenschau gehen? Die Zeit lässt sich doch viel produktiver nutzen!

Ich musste erst einige Schleudergänge des Lebens durchlaufen, um wirklich zu verstehen, was der Zukunftsforscher John Naisbitt mit seiner Aussage gemeint hat, dass die aufregendsten Durchbrüche im 21. Jahrhundert nicht durch die Technologie entstehen werden, sondern durch ein sich erweiterndes Verständnis unseres Menschseins.

Das erfordert einen inneren Reifeprozess. Wegbegleiter und Lotsen auf diesem Weg sind die 7 Superkräfte. In die Stille gehen und lernen, mich auf Unsicherheit einzulassen und trotzdem handlungsfähig zu bleiben. Nicht mit Veränderung und Widrigkeiten zu hadern, sondern sie als Botschaften des Lebens zu sehen, die mich tiefe Lektionen über mich selbst und die Welt lehren. Mir Eigenmacht zuzugestehen und ein gedankenloses »Ich muss« durch ein bewusstes »Ich will!« zu ersetzen, Entschiedenheit in mein Leben zu holen, mutig zu sein und Experimente zu wagen.

Je mehr ich mich auf diesen Weg einlasse, desto stärker wird das Vertrauen in meinen inneren Kompass und meine Urteilskraft. Und je mehr ich mir meiner selbst bewusst werde, desto klarer wird mir, wie viel es noch zu entdecken und zu lernen gibt.

Vielleicht ist es Erleuchtung genug zu wissen, dass es keine letzte Ruhestätte des Geistes gibt, keinen Moment selbstgefälliger Klarheit. Vielleicht bedeutet Weisheit, zu erkennen, dass meine Reise noch lange nicht zu Ende ist.

Quellen

- Barthélémy, Andrea: »Wie Meditation Geist und Gehirn verändert«, in: *Die Welt*, 27. 12. 2013: https://www.welt.de/wissenschaft/article123325891/Wie-Meditation-Gehirn-und-Geist-veraendert.html
- Bechtoldt, M. N.: »Erst mal tief durchatmen«, in: *Harvard Business Manager*, 5/2013
- Bleisch, Barbara: »Jon Kabat-Zinn: Achtsamkeit, die neue Glücksformel? Interview mit Jon Kabat-Zinn«, in: *SRF Kultur Philosophie Sternstunde*, 14. 02. 2016, https://www.srf.ch/play/tv/sternstunde-philosophie/video/jon-kabat-zinn-achtsamkeit-die-neue-gluecksformel?urn=urn:srf:video:a5475697-96e6-492c-8a82-dc92e9620581
- Braun, Gesine: »Wo klemmt's?«, McK Wissen 15 – Schwerpunkt: Innovation, in: *brand eins*, https://www.brandeins.de/corporate-services/mck-wissen/mck-wissen-innovation/wo-klemmt-s
- Brown, Brené: *Verletztlichkeit macht stark*, München: Kailash Verlag 2013
- Campbell, Joseph: *Der Heros in tausend Gestalten*, Berlin: Insel Verlag 2022
- Corssen, Jens: *Der Selbst-Entwickler: Das Corssen Seminar*, Wiesbaden: marix Verlag 2004
- Coutu, Diane L.: »Sinn und Sicherheit. Ein Gespräch mit Karl E. Weick«, in: *Harvard Business Manager*, 7/2003
- Dickson, Peter R.; Giglierano, Joseph J.: »Missing the Boat and Sinking the Boat: A Conceptual Model of Entrepreneurial Risk«, in: *Journal of Marketing*, Bd. 50, Nr. 3, S. 58–70, Thousand Oaks: Sage Publications 1986, https://www.jstor.org/stable/1251585?typeAccessWorkflow=login
- Eger, Edith Eva: *In der Hölle tanzen*, München: btb Verlag 2019
- Evers, Marco: »Was in der Arktis passiert, bestimmt unsere Zu-

kunft. Interview mit Hugues Lantuit«, *Spiegel Online*, 27. 10. 2023: https://www.spiegel.de/wissenschaft/natur/permafrost-im-hohen-norden-taut-was-in-der-arktis-passiert-bestimmt-unsere-zukunft-a-d4cab6c0-11c2-4697-9625-14034e3d82de

- Ferriss, Tim: »The Tim Ferriss Show Transcripts: Yuval Noah Harari on The Story of Sapiens, Forging the Skill of Awareness, and The Power of Disguised Books«, Podcast-Folge 477, 30. 10. 2020, https://tim.blog/2020/10/30/yuval-noah-harari-transcript/
- Förster, Anja; Kreuz, Peter: *Nein – Was vier mutige Buchstaben im Leben bewirken können*, München: Pantheon Verlag 2016
- Förster, Anja; Kreuz, Peter: *Vergeude keine Krise*, Heidelberg/Hamburg: Rebels at Work Media 2023
- Frankl, Viktor E.: *Der Mensch vor der Frage nach dem Sinn: Eine Auswahl aus dem Gesamtwerk*, München: Piper Taschenbuch 1985
- Grant, Adam: *Think Again*, München: Piper Verlag 2022
- Handy, Charles: *Ich und andere Nebensächlichkeiten*, Berlin: Econ 2007
- Jenewein, Wolfgang; Böhm, Oliver: »Superkraft Verletzlichkeit«, in: *Harvard Business manager* 10/2023
- Kabat-Zinn, Jon: *Gesund durch Meditation: Das große Buch der Selbstheilung mit* MBSR, München: Knaur MensSana Taschenbuch 2019
- Kabat-Zinn, Jon; Kierdorf, Theo: *Im Alltag Ruhe finden. Meditationen für ein gelassenes Leben*, erweiterte Taschenbuch-Neuausgabe, München: Knaur MensSana Taschenbuch 2015
- Kabat-Zinn, Jon: *Mindfulness 9 attitudes – letting go*, Mindfulnessgruppen/Aurora Film & Tv AB 2012, https://youtu.be/bBCithP9JrM
- Katie, Byron: *Lieben was ist*, München: Goldmann Verlag 2002
- Killingsworth, Matthew A. und Gilbert, Daniel T.: »A wandering mind is an unhappy mind«, *Science*, Bd. 330, Nr. 6006, S. 932 ff., 2010 https://www.science.org/doi/10.1126/science.1192439
- Kullmann, Kerstin: »Die Erleuchtung beginnt mit einer Rosine«, in: *Spiegel Online*, 19. 05. 2023 https://www.spiegel.de/psychologie/meditation-jeder-wird-erleuchtet-a-1015bbc5-9c00-4dc9-8ddc-3eee1ec731c7

- Laloux, Frédéric: *Reinventing Organizations*, München: Verlag Franz Vahlen 2015
- Leipprand, Tobias; Schwalbach, Michael: »Inseln der Reflexion«, in: *Harvard Business Manager* 6/2014
- Mintzberg, Henry: *Managing*, 2., überarbeitete Auflage, New York: FT Publishing International 2011
- Schrage, Michael: *Serious Play*, Boston: Harvard Business Review Press 1999
- Sprenger, Reinhard: *Die Entscheidung liegt bei dir*, Frankfurt a. M.: Campus 2004
- Stöcker, Christian: »Selbstverteidigung geht durch die Nase«, in: *Spiegel Online*, 02. 12. 2018, https://www.spiegel.de/wissenschaft/technik/digitale-ablenkung-meditation-als-selbstverteidigung-durch-die-nase-a-1241202.html
- Swart, Tara: *Die Quelle*, München: Ariston Verlag 2019
- Tolle, Eckhart: *Jetzt*, Bielefeld: Kamphausen Media 2021
- Ury, William: *Nein sagen und trotzdem erfolgreich verhandeln*, Frankfurt a. M.: Campus Verlag 2009
- Weick, Karl E.: »Drop your Tools. An Allegory for Organizational Studies«, in: *Administrative Science Quarterly*, Nr. 41, S. 301–313, 1996

ANJA FÖRSTER

Anja Förster ist seit mehr als zwei Jahrzehnten eine feste Größe unter den Top-Speakern in Europa und hat über 250.000 Menschen begeistert.

Die Vorträge von Anja Förster erfrischen, motivieren, pusten durch, hinterfragen, fordern heraus und laden die Batterien auf. Ein Highlight für Kunden, Kollegen und Geschäftspartner.

„Authentisch, erfrischend und sehr inspirierend!"

Swisscom

„Eine Massage zur geistigen Beweglichkeit."

Marsh

„Herzlichen Dank für die rockige und maßgeschneiderte Präsentation. Es hat sehr viel Spaß gemacht."

Wintershall Dea

www.anjafoerster.com

Design by Catwork Design